WHY DO WE SAY THAT?

POR QUE DIZEMOS ISSO?

JACK SCHOLES

WHY DO WE SAY THAT?

POR QUE DIZEMOS ISSO?

A origem curiosa de palavras e expressões do inglês do dia a dia

DISAL EDITORA

Capa e projeto gráfico: Alberto Mateus
Diagramação e revisão: Crayon Editorial
Assistente editorial: Aline Naomi Sassaki
Impressão e acabamento: Orgrafic Gráfica e Editora Ltda., em abril de 2015

Dados Internacionais de Catalogação na Publicação (CIP)
(Câmara Brasileira do Livro, SP, Brasil)

Scholes, Jack
Why do we say that? = Por que dizemos isso? : A origem curiosa de palavras e expressões do inglês do dia a dia / Jack Scholes. -- Barueri, SP : DISAL, 2015.

ISBN 978-85-7844-176-0

1. Inglês - Estudo e ensino 2. Inglês - Expressões idiomáticas 3. Inglês - Palavras e locuções I. Título.

15-02445 CDD-428

Índices para catálogo sistemático:
1. Inglês : Palavras e expressões : Linguística 428
2. Palavras e expressões : Inglês : Linguística 428

DISAL EDITORA

Alameda Mamoré 911 – cj. 107
Alphaville – BARUERI – SP
CEP: 06454-040
Tel. / Fax: (11) 4195-2811
Visite nosso site: www.disaleditora.com.br
Televendas: (11) 3226-3111

Fax gratuito: 0800 7707 105/106
E-mail para pedidos: comercialdisal@disal.com.br

For Raphael

PREFÁCIO

Em 1975, eu lecionava inglês para estrangeiros do mundo inteiro em uma escola particular em Londres. Os alunos me perguntavam por que a língua inglesa do dia a dia tem tantas palavras e expressões difíceis de entender e se queixavam de que, para eles, era impossível saber como usá-las corretamente. Eu não sabia como responder ou como ajudá-los. Fui buscar respostas, e assim comecei um namoro com a língua inglesa que se tornou uma paixão.

Descobri que o inglês cotidiano é surpreendentemente rico e diversificado. Sem contar as palavras técnicas, há mais de 600 mil palavras diferentes registradas em dicionários da língua inglesa. As pesquisas mostram que um nativo de inglês sabe mais de 50 mil palavras. O inglês usado hoje tem uma longa e maravilhosa história. Além da influência evidente do latim, grego, francês e das línguas germânicas, mais de 200 línguas diferentes deram origem a palavras e expressões que enriqueceram a língua inglesa. No passado, os aventureiros da Inglaterra navegavam pelo mundo afora, e os ingleses sempre foram muito generosos em importar palavras estrangeiras. Todas as principais línguas do mundo contribuíram para a riqueza linguística e a diversidade multicultural do inglês. Nenhuma palavra ou expressão nasce por acaso — todas têm uma história de origem, muitas vezes extraordinária e surpreendente.

Com os meus alunos em Londres descobri que, quando eu contava as histórias das origens das palavras e expressões e dava exemplos de como usá-las corretamente, eles se divertiam muito, aprendiam rapidamente e, ao mesmo tempo, ganhavam confiança e fluência no inglês.

Why do we say that? — Por que dizemos isso? é o resultado de mais de 35 anos de pesquisa e experiência no ensino da língua inglesa. É uma coleção de curiosidades sobre as origens de centenas de palavras e expressões do inglês cotidiano com fatos fascinantes sobre a língua, a cultura, os costumes, a vida, a geografia e a história dos falantes de inglês. Além das divertidas e curiosas histórias, há explicações claras e simples de como utilizar as palavras e expressões com exemplos do seu uso correto, também traduzidos para maior clareza.

Fui motivado a escrever *Why do we say that? — Por que dizemos isso?* por nada mais do que uma busca de conhecimento e um amor profundo pela língua inglesa. O objetivo deste livro é que isso se torne contagiante e que, acima de tudo, o leitor se divirta.

Enjoy!

JACK SCHOLES

[US]
Indica uma palavra ou expressão usada principalmente nos Estados Unidos.

[UK]
Indica uma palavra ou expressão usada principalmente na Grã-Bretanha.

[AUS]
Indica uma palavra ou expressão usada principalmente na Austrália.

A

ACE – TO HAVE AN ACE UP ONE'S SLEEVE

Manter uma surpresa; uma arma secreta; uma carta na manga

››› *He has an ace up his sleeve, but he doesn't want to tell anyone yet.*

››› Ele tem uma carta na manga, mas ainda não quer contar para ninguém.

EM INGLÊS, a carta ás do baralho é *ace*. A expressão *to have an ace up one's sleeve* se refere ao trapaceiro no jogo de cartas que esconde sorrateiramente essa carta valiosa na manga, *sleeve*, pronta para ser usada no momento apropriado para ganhar o jogo.

Essa prática veio do Oeste dos Estados Unidos no seu período sem lei, no tempo dos pioneiros, e, embora já tenha caído em desuso, a expressão continua sendo usada para significar qualquer vantagem que fique escondida.

Com o mesmo sentido, fala-se também *to have an ace in the hole.*

ACROSS THE BOARD

Geral; de ou para tudo e todos

- *The new government intends to make across the board cuts in expenditure.*
- O novo governo pretende fazer cortes gerais nos gastos.

NAS APOSTAS de corrida de cavalos, um painel, *board,* mostra as possibilidades de ganhar os três primeiros lugares. Uma aposta feita *across the board* quer dizer de um lado do painel até o outro, ou seja, do primeiro lugar até o terceiro, englobando assim todos os prêmios.

Across the board é uma expressão que começou por volta de 1935 nas pistas de corridas e continua com um sentido mais amplo no inglês do cotidiano atualmente.

AGAINST THE GRAIN

Contra a própria convicção; com aversão; contra a natureza

- *It really goes against the grain to have to work overtime.*
- É realmente contra a natureza ter de trabalhar horas extras.

ESTA EXPRESSÃO vem da carpintaria e se refere aos veios, *grain,* da madeira. É impossível aplainar a madeira corretamente caso se tente fazer isso contra seus veios naturais.

AGE BEFORE BEAUTY

Traduzido ao pé da letra, "idade antes da beleza"

- *"Age before beauty", Alice said, holding open the door for Sara.*
- *"Pearls before swine", Sara replied.*
- "Idade antes da beleza", disse Alice, segurando a porta aberta para Sara.

»» "Pérolas aos porcos" (com duplo sentido em inglês, "pérolas antes dos porcos"), respondeu Sara.

O ESTEREÓTIPO tradicional do *gentleman* inglês sempre dá preferência para as mulheres e costuma dizer *Ladies first*, principalmente quando banca o cavalheiro e gentilmente segura a porta aberta para uma *lady*. A velhice também tem prioridade sobre a juventude, mas a expressão insincera, porém inofensiva, *age before beauty* é usada como brincadeira por alguém que segura a porta para outro entrar primeiro.

Embora a tradição exija que uma pessoa de idade deva passar por uma porta antes de uma pessoa jovem, infelizmente a cortesia e as maneiras requintadas estão gradualmente perdendo sua importância, até na terra do *English gentleman*.

AIN'T

Contração de *am not, is not, are not, has not* e *have not*

»» *She ain't done nothin'.*

»» Ela não tem feito nada.

ESTA PALAVRA curiosa começou sua vida no século XVIII, na Inglaterra, como a contração de *am not – an't*. Com as outras contrações, *is not – isn't, are not – aren't* etc., consideradas corretas na língua inglesa, *an't* era usada por todos. Entretanto, no início do século XIX, nos Estados Unidos, *ain't* começou a ser usada incorretamente como a contração de *am not, are not, is not, have not* e *has not*. E, mesmo considerada "incorreta" até hoje, *ain't* é usada como todas essas contrações pelos que falam a língua inglesa.

Uma contração informal britânica muito recente é *innit* para *isn't it?* (Será que isso se tornará aceitável e usado por todos no futuro? *It's a good idea, innit?*)

ALL TARRED WITH THE SAME BRUSH

Todos culpados; todos com os mesmos defeitos; todos farinha do mesmo saco

››› *All politicians are tarred with the same brush.*

››› Todos os políticos são farinha do mesmo saco.

ANTIGAMENTE, AS feridas dos carneiros e das ovelhas eram tratadas com alcatrão, *tar*, colocado com uma escova, *brush*. Assim, todos com feridas ficavam iguais no rebanho. No sentido figurado, a expressão significa um grupo de pessoas com os mesmos defeitos.

ALPHA MALE

Homem poderoso ou rico

››› *They are just two alpha males fighting for control.*

››› Eles são apenas dois homens poderosos lutando pelo controle.

NA LINGUAGEM científica, o *alpha male* é o macho dominante no grupo de animais. Recentemente, esse termo passou da linguagem científica para o uso geral, significando o homem forte, poderoso, que anda com ar superior, extremamente autoconfiante e, às vezes, ameaçando os outros.

Seja numa manada de búfalos, num bando de gorilas ou numa turma de bar, o *alpha male* é o mais forte, o melhor lutador, o líder da matilha, o cara que sempre conquista a mulher ou, dependendo da espécie, o macho que conquista todas as fêmeas da manada!

THE APPLE OF ONE'S EYE

Pessoa ou coisa muito querida; a menina dos olhos

››› *She's the apple of her father's eye.*

››› Ela é a queridinha do papai.

Os ANTIGOS acreditavam que a pupila do olho era uma bola sólida e redonda, igual a uma maçã, *apple*. Por ser a parte mais importante do olho e essencial para a visão, *the apple of one's eye* passou a significar qualquer coisa preciosa ou pessoa muito amada.

APRIL FOOL

Pessoa que é enganada ou que é alvo de uma brincadeira no dia primeiro de abril

››› *Your zipper's open... April fool!*

››› Seu zíper está aberto... Seu bobo! (É dia da mentira!)

O DIA primeiro de abril é conhecido em inglês como *All Fool's Day* ou *April Fool's Day* – Dia da Mentira, no Brasil; Dia dos Bobos, nos países de língua inglesa. Ninguém sabe ao certo, mas sua origem pode ter sido o último dia das celebrações do equinócio de primavera, que começavam antigamente no dia 25 de março e terminavam no dia primeiro de abril. Como o primeiro dia da primavera, ele pode ter sido o dia mais apropriado para brincadeiras desse tipo, já que as pessoas estavam saindo da hibernação de inverno, ainda meio sonolentas, portanto mais fáceis de ser enganadas. Hoje em dia, todos, tanto crianças quanto adultos, participam dessa brincadeira de tentar enganar alguém, que deveria terminar ao meio-dia, mas muitos continuam durante todo o dia.

AS COOL AS A CUCUMBER

Completamente calmo; tranquilo; frio

››› *Jane's as cool as a cucumber.*

››› Jane é supertranquila.

Os CUCUMBERS, "pepinos" em português, têm alta concentração de água e, na Inglaterra, são servidos tradicionalmente no verão, para amenizar o ar seco e o calor. No século XVI, o pepino era usado também para tentar diminuir a luxúria e esfriar a libido. Além das propriedades refrescantes, acreditava-se que, devido ao fato de o pepino produzir excesso de flatulência, isso naturalmente serviria para abafar as paixões! Seja como for, o pepino continuou sendo usado durante séculos na Inglaterra como o equivalente à ducha fria de hoje.

Cool, nesta expressão, refere-se a um estado perfeitamente sereno e não tem nada a ver com a palavra *cool* usada informalmente para significar "legal". *Cool*, neste sentido, tem origem num estilo de jazz tocado na década de 1940, considerado mais descontraído e aprovado por todos como ótimo.

AS DEAD AS A DODO

Completamente morto; superado; antiquado; irrelevante; sem importância

››› *After one week the campaign was as dead as a dodo.*

››› Após uma semana, a campanha morreu completamente.

O DODÔ era uma grande ave das Ilhas Maurício extinta em 1681, ou seja, há muito tempo morta e esquecida, mas o nome conseguiu sobreviver até hoje nesta expressão.

AS DEAD AS A DOORNAIL

Bem morto

»» *The flowers are all as dead as a doornail.*

»» As flores estão completamente mortas.

DOORNAIL, "PREGO de porta", aqui se refere à cabeça do prego grande colocado na porta em que a argola ou o martelo batiam para anunciar a chegada de visitas. Esse sistema de argola e prego era muito comum antes da invenção da campainha, como naquelas portas antigas de casas mal-assombradas. Após tantas batidas na cabeça, supõe-se que esteja bem morto.

AS DIFFERENT AS CHALK AND CHEESE [UK]

Completamente diferentes

»» *The two brothers are as different as chalk and cheese.*

»» Os dois irmãos são completamente diferentes.

ANTIGAMENTE o queijo, *cheese*, era branco e muito parecido com o queijo cottage ou o queijo minas de hoje em dia. Portanto, o giz, *chalk*, era externamente parecido com o queijo, embora, na essência, os dois fossem completamente diferentes. A expressão atual *as different as chalk and cheese* indica duas coisas ou pessoas aparentemente similares, mas que, no fundo, são completamente diferentes.

AUBERGINE [UK]

Berinjela

»» *Aubergine is used to make the delicious Greek dish called moussaka.*

»» A berinjela é usada para fazer o delicioso prato grego chamado mussaca.

Do sânscrito, significa "a verdura contra peidos", devido à crença de que a berinjela funcionava para impedir a formação de gases intestinais. Virou *aubergine*, em francês, e a palavra foi adotada sem mudança em inglês.

Em inglês americano, esse legume é chamado de *eggplant* por causa de seu formato oval.

AULD LANG SYNE

O nome de uma canção tradicional; "há muito tempo"

››› Auld Lang Syne *is always sung at midnight on New Year's Eve.*

››› *Auld Lang Syne* é sempre cantada à meia-noite na véspera do Ano-Novo.

Do dialeto escocês, *auld lang syne* ao pé da letra é *old long since*, ou seja, "há muito tempo". (A pronúncia da palavra *syne* seria algo como "záin".) É o nome da canção tradicional e popular executada no final de danças e festanças, principalmente no Natal e no Ano-Novo, em todos os países de língua inglesa e em vários outros países. Enquanto cantam, os participantes formam um círculo, com os braços cruzados e as mãos segurando a pessoa de cada lado. Todos unidos. Dizem que foi Robert Burns (1759-1796), famoso poeta nacional da Escócia, que inventou a letra, mas na realidade é uma nova versão de uma canção bem mais antiga. O próprio Burns admitiu que ouviu um velho cantando essa música e resolveu escrevê-la. Sua adaptação ficou assim:

Should auld acquaintance be forgot,
And never brought to min'?
Should auld acquaintance be forgot,
And auld lang syne?

Auld Lang Syne, Robert Burns (1796)

AVOCADO

Abacate

››› *Avocado is usually eaten raw in salads.*

››› O abacate normalmente é comido cru em saladas.

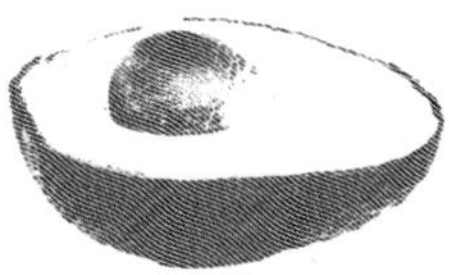

Quem gosta de abacate pode ficar surpreso com a origem da palavra. Na língua dos índios nahuatl da América do Sul, *ahuacatl* quer dizer "testículo"! Supõe-se que a fruta foi chamada assim devido à semelhança na forma, mas não no tamanho! Muito apreciado com açúcar e em forma de doce no Brasil, é comum no Reino Unido e nos Estados Unidos comê-lo salgado, em saladas. Na cozinha mexicana, o abacate amassado é a base do molho guacamole, que é temperado com sal, limão, azeite, cebola, tomate e pimenta.

B

BACHELOR

Solteiro

»» *He's forty years old and he's still a bachelor.*

»» Ele tem quarenta anos e ainda é solteiro.

Em inglês, um homem que não se casou chama-se *bachelor*. A palavra veio do francês antigo *bacheler*, do latim vulgar *baccalaris*, que por sua vez vem do latim *vacca*. Pergunta-se, então, se o solteiro era considerado uma vaca? Não era bem isto. O sentido da palavra *bachelor* tem origem na função do *bachelor*, que era o cavaleiro jovem de cargo inferior, que por causa da sua juventude e de sua pouca experiência servia sob a bandeira de outro cavaleiro mais experiente.

Bachelor também é "bacharel", e o *Bachelor's Degree* é o grau conferido ao término do quarto ano na maioria das universidades britânicas e americanas. O título colocado após o nome é abreviado como sigla, por exemplo, *BA*, *Bachelor of Arts*, bacharel em humanidades, ou *BSc* (UK)/ *BS* (US), *Bachelor of Sciences*, bacharel em ciências. Só depois faz-se o mestrado, ou *Master*, *MA* ou *MSc*; e, finalmente, o título acadêmico mais alto para todas as áreas: o doutorado, PhD, abreviação para *Doctor of Philosophy*, embora a maioria não faça pesquisas em filosofia.

ON THE BACK BURNER

Pendente

››› *We'll have to put it on the back burner for now.*

››› Vamos ter de deixá-lo pendente por enquanto.

NOS ANTIGOS fogões a lenha, a boca posterior, chamada de *back burner* em inglês, era usada para um cozimento lento ou para guardar a comida na panela para ser usada mais tarde. As bocas na frente eram as mais quentes e serviam para cozinhar ou esquentar rapidamente os alimentos. No sentido figurado, quando se coloca algo *on the back burner*, fica reservado para um momento no futuro em que vai ser necessário e indica algo de pouca prioridade ou uma situação pendente.

BACK TO THE DRAWING BOARD

Recomeçar tudo

››› *Let's get back to the drawing board.*

››› Vamos recomeçar tudo.

DURANTE A Segunda Guerra Mundial, os novos modelos de aviões eram testados antes de ser usados. Quando descobriam qualquer defeito, os desenhistas eram obrigados a voltar para suas pranchetas de desenhar, *drawing boards*, até aperfeiçoar o projeto. Qualquer empreendimento que produz defeitos implica falta de planejamento, a necessidade de ter novas ideias e de começar tudo de novo, ou seja, é a hora de voltar para as pranchetas de desenhar, *back to the drawing board*.

BACK TO SQUARE ONE

De volta à estaca zero

››› *We're back to square one.*

››› Nós voltamos à estaca zero.

NO INÍCIO da radiodifusão, quando começaram a ser transmitidos programas de futebol ao vivo, era muito difícil para o ouvinte entender o jogo sem poder vê-lo. Inventaram, então, um sistema de representação gráfica do campo, dividido em quadros, *squares*, igual à divisão de um tabuleiro de xadrez. Cada quadro tinha um número, e a representação completa do campo de futebol com os números era publicada nos programas impressos de rádio. Assim, todos os ouvintes conseguiam acompanhar bem o jogo e entender os comentários dos locutores. No sentido figurado, a expressão *back to square one* é usada hoje para significar a volta ao início de qualquer situação, à estaca zero.

TO BAFFLE

Confundir; desconcertar

››› *She was completely baffled by his behaviour.*

››› Ela ficou completamente confusa com o comportamento dele.

HOJE EM dia, se um problema ou o comportamento de alguém *baffles you*, você não consegue entender ou resolver. Antigamente, o significado desta palavra e suas consequências eram bem mais graves. No sentido original, *baffle* era o castigo e desgraça pública que um cavaleiro recebia por suas desobediências ou delitos. Costumavam amarrar o cavaleiro pelos calcanhares e deixá-lo pendurado de cabeça para baixo em uma árvore em praça pública. Certamente o coitado, num apuro tremendo, ficava bem confuso e perplexo e sem saber o que fazer para resolver sua situação!

BAGEL

Bagel, um tipo de pão

››› *I like bagels with cream cheese.*

››› Eu gosto de bagels com queijo cremoso.

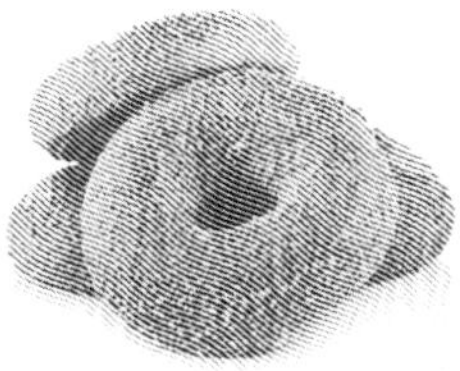

O BAGEL é um pão em forma de anel, muito popular nos Estados Unidos, que tem sua origem no iídiche *beggel*, “pulseira” ou “bracelete”. O iídiche é uma língua falada por grande parte dos judeus, que foi elaborada a partir do alemão no século IX na Europa Oriental.

A BALLPARK FIGURE [US]

Um número aproximado

››› *This is just a ballpark figure.*

››› Isso é só um número aproximado.

BALLPARK FIGURE é uma expressão que vem do beisebol americano. Por volta de 1900, o estádio de beisebol começou a ser chamado de *ballpark*, e em 1962 inventaram a expressão *in the ballpark* para significar algo dentro de limites gerais, mas não calculado exatamente. *A ballpark figure* tornou-se, então, uma expressão de uso geral para significar qualquer quantia aproximada.

TO BANDY WORDS

Brigar

››› *Don't bandy words with me!*

››› Não brigue comigo!

A METÁFORA *to bandy words* vem de um antigo jogo irlandês chamado de *bandy*. Era um jogo semelhante ao hóquei, em que cada jogador tinha um tipo de bastão com um gancho e a bola era atirada, *bandied*, para um lado e para outro na tentativa de se marcar um gol. *To bandy words* implica que a briga é uma perda de tempo, uma simples troca de insultos.

BARBECUE

Churrasco

››› *They're having a barbecue on Saturday.*

››› Eles vão fazer um churrasco no sábado.

BARBECUE É uma palavra que veio do taino, uma língua falada por um povo indígena já extinto do Haiti. A tribo costumava defumar a carne em cima de uma estrutura de madeira, como se faz com o atual churrasco. Os espanhóis, que visitaram o Haiti no século XVII, entenderam que o nome era *barbacoa*, que passou a significar cozinhar a carne dessa forma e depois entrou na língua inglesa como *barbecue*.

O *barbecue* inglês ou americano é normalmente feito ao ar livre, e são convidados amigos e parentes. Não se serve a mesma quantidade de carne como num churrasco brasileiro, mas costuma-se servir várias comidas além da carne, como peixe, linguiça, salsicha e hambúrguer. Como abreviação, escreve-se *Bar-B-Q*.

Informalmente, em inglês australiano, *barbecue* é chamado de *barbie* (AUS), mas isso não tem nada a ver com a famosa boneca que possui o mesmo nome!

A BASKET CASE

Pessoa completamente incapaz

››› *He's a real basket case!*

››› Ele é realmente incapaz!

DA GÍRIA militar, *a basket case* significava originalmente um soldado cujos membros foram amputados ou perdidos em combate. Por consequência, ele ficou completamente incapaz e, no sentido figurado, "jogado no cesto", *basket*. *A basket case* é uma expressão ofensiva e informal usada para designar qualquer pessoa considerada nervosa e instável emocionalmente, sem condições de enfrentar uma situação. Por extensão, também significa um país ou organização em má situação financeira, que não está à altura das suas dificuldades e que é completamente incapaz de se sustentar.

TO BEAT ABOUT/AROUND THE BUSH

Hesitar; usar de rodeios

››› *Stop beating about the bush and tell me the truth.*

››› Deixe de rodeios e me conte a verdade.

ESTA EXPRESSÃO, usada desde o século XV, tem sua origem na caça às aves à noite, enquanto elas estão em repouso nos arbustos, *bush*. A técnica consiste em bater no arbusto com um bastão ou porrete, para assustá-las, cegá-las com uma lanterna e, depois, abatê-las quando voam para a luz. Sem dúvida, os caçadores eram obrigados a remexer em muitos arbustos e vasculhar por toda parte antes de achar qualquer vítima – um trabalho de muitas tentativas e erros. No sentido figurado, a pessoa que não vai ao ponto principal e usa de rodeios de palavras ou caminhos e cursos indiretos está *beating about the bush*, igual ao caçador de aves à noite.

Há também uma conexão bem clara entre esse tipo de caça e o provérbio em inglês: *A bird in the hand is worth two in the bush* – "Mais vale um pássaro na mão que dois voando".

A BEE IN ONE'S BONNET

Ideia fixa; obsessão; noção absurda

››› *She has a bee in her bonnet about dieting.*

››› Ela está obcecada por dietas.

A ABELHA-DE-MEL sempre foi muito importante para o homem, um inseto quase sagrado, e a apicultura é uma das atividades mais antigas e respeitadas do planeta. Mas imagine, por exemplo, o efeito de se ter uma abelha presa, picando, dentro daquele gorro, *bonnet*, amarrado por baixo do queixo, que o apicultor usa! Qualquer um ficaria com um zumbido na cabeça!

No sentido figurado, *to have a bee in one's bonnet* significa estar loucamente obcecado por alguma ideia e não conseguir falar ou pensar em outra coisa. A expressão implica também que as outras pessoas podem achar essa mania totalmente irracional ou irritante.

A BEELINE

Uma linha reta; um caminho mais curto

››› *He made a beeline for the bar.*

››› Ele foi direto para o bar.

A ORIGEM da palavra *beeline* para significar uma linha reta vem do fato, cientificamente comprovado, de que a abelha, *bee*, é expert em navegação. Ela usa o sol e as configurações da luz no céu para se guiar. Qualquer mudança de luz ou de movimento do sol e a abelha automaticamente corrige sua rota para se manter sempre no caminho mais curto.

TO GO BERSERK

Ficar furioso; furibundo; frenético; enlouquecido

››› *My boss will go berserk when he finds out I lost the contract.*

››› Meu chefe ficará furioso quando descobrir que eu perdi o contrato.

DO ISLANDÊS *berserkr*, “a camisa do urso”. Na mitologia escandinava, os guerreiros nórdicos vestiam a pele do urso abatido para se apropriar das características belicosas do animal e assim poder lutar com furor frenético. A expressão atual *to go berserk* significa ficar furioso, violento e fora de controle, igual ao guerreiro. Informalmente, a expressão pode ser usada também para indicar excitação ou empolgação. Por exemplo: *The supporters went berserk when Brazil won the match.*/Os torcedores enlouqueceram quando o Brasil ganhou o jogo.

BETWEEN YOU AND ME AND THE GATEPOST/BEDPOST/LAMPPOST

Cá entre nós; entre nós dois; em segredo

››› *Between you, me and the gatepost, I think she's pregnant.*

››› Cá entre nós, eu acho que ela está grávida.

QUANDO ALGUÉM começa a dizer "cá entre nós", *between you and me,* isso normalmente indica que vai contar algum segredo, muitas vezes alguma fofoca. Em inglês, pode parecer um pouco esquisito incluir na confidência o poste de portão, *gatepost,* ou a coluna da cama, *bedpost,* ou o poste de iluminação, *lamppost*. A explicação é que todos os três são objetos sem alma, sem vida; portanto, não vão contar nenhum segredo ou passar nenhuma informação secreta para ninguém. Embora essa expressão criativa possa parecer um pouco estranha para os não nativos da língua inglesa, ela é bastante comum no inglês do dia a dia dos nativos.

TO BITE THE BULLET

Enfrentar as dificuldades com coragem; esforçar-se para fazer algo difícil ou desagradável

››› *We'll just have to bite the bullet and get on with it.*

››› Simplesmente vamos ter de nos esforçar e continuar a fazê-lo.

NO CAMPO de batalha, na época em que o médico tinha de operar um soldado ferido sem anestesia, costumava dar--lhe uma bala, *bullet,* para o coitado morder e assim ajudá--lo a aguentar corajosamente a dor insuportável. *Bite the bullet,* então, passou a significar enfrentar as dificuldades com coragem e firmeza. Informalmente, a expressão é também usada para indicar a necessidade de começar a fazer algo que se estava evitando fazer pelo fato de ser considerado difícil ou desagradável.

TO BITE THE DUST

Cair morto; fracassar; ser vencido; ficar quebrado

››› *Another good idea bites the dust!*

››› Mais uma boa ideia fracassa!

Nas histórias e filmes de bangue-bangue, quando o índio caía morto do cavalo usava-se a expressão *Another redskin bit the dust*, ou seja,"mais um índio (pele vermelha) caiu morto", ao pé da letra, "mordeu a poeira". A expressão *to bite the dust*, significando cair morto, tornou-se popular durante a Segunda Guerra Mundial, principalmente na Real Força Aérea britânica (RAF), sendo usada toda vez que eles derrubavam um avião inimigo. No sentido figurado, usa-se hoje para qualquer coisa que morre, fracassa ou quebra.

TO BLACKBALL

Votar contra; banir; excluir

››› *They blackballed him from becoming a member of the club.*

››› Eles votaram contra ele se tornar membro do clube.

A ideia de alguém ficar *blackballed*, "com as bolas pretas", evoca imagens terríveis se entendermos que as bolas em questão se referem à parte da anatomia do homem. Felizmente, as bolas aqui se referem às bolas pequenas, tipo bolas de *snooker*, usadas numa votação, e não àquelas de uma pessoa. Na Inglaterra, para alguém ser aceito nos clubes sociais, no século XVIII, os membros tinham de votar a favor ou contra o candidato. Para votar a favor, colocava-se uma bola branca ou vermelha em uma caixa. Para rejeitar a candidatura, deixava-se cair uma bola preta. Portanto, a pessoa que recebia a bola preta era *blackballed* e, consequentemente, excluída. Dos clubes sociais daquela época, a palavra passou a ser usada para significar a exclusão de qualquer tipo de grupo.

BLACKMAIL

Extorsão; chantagem; chantagear

››› *He tried to blackmail me.*

››› Ele tentou me chantagear.

A PALAVRA *mail*, aqui, não tem nada a ver com o sentido atual da palavra, que é "correio" ou "correspondência". O sentido original, em escocês antigo, era "pagamento de aluguel" ou "imposto".

Antigamente, *blackmail* era um tributo pago pelos fazendeiros na fronteira entre a Inglaterra e a Escócia. Essa fronteira entre os dois países foi um campo de constantes invasões e pilhagens a partir do século XI até o século XV. Os fazendeiros, então, pagavam em dinheiro para as pessoas empenhadas em atividades ilícitas, que em troca ofereciam proteção e imunidade contra qualquer tipo de aborrecimento. No sentido moderno, *blackmail* passou a significar o dinheiro obtido por extorsão ou qualquer tipo de chantagem.

BLACKOUT

Apagão; blecaute

››› *We had a blackout of several hours during the storm.*

››› Nós tivemos um apagão de algumas horas durante a tempestade.

ESTE TERMO foi usado originalmente no teatro para designar o apagamento total das luzes do palco. Durante a Segunda Guerra Mundial, virou o escurecimento das casas como defesa antiaérea. A partir do início da guerra, do dia 3 de setembro de 1939 até o dia 23 de abril de 1945, era compulsório por lei em toda a Grã-Bretanha cobrir as janelas antes de escurecer e não deixar nenhum raio de luz aparecer do lado de fora.

Hoje, a palavra significa a interrupção no fornecimento de energia elétrica. Significa também um período curto quando alguém perde a consciência. Foi adotada igualmente em português, com outra grafia: blecaute.

BLARNEY

Bajulação; lisonja; lábia

››› *He's got blarney, but don't believe everything he says.*

››› Ele tem lábia, mas não acredite em tudo o que ele diz.

QUEM TEM *blarney* sabe muito bem agradar e elogiar com palavras bonitas e melífluas, conseguindo sempre o que quer por meio de adulações e lisonjas. A palavra vem do *The Blarney Stone*, um bloco de pedra calcária, medindo 1,2m por 30cm, encravada a 25m de altura na muralha do Castelo de Blarney, perto de Cork, na Irlanda, que foi construído em 1446. A tradição diz que quem beija a pedra ganha o dom de persuadir, chamado também, em inglês, *the gift of the gab*. Um pequeno detalhe, porém, é que o beijo só pode ser dado com a pessoa deitada, de costas, pendurada fora da janela, com alguém muito forte segurando-lhe as canelas. Diz a lenda que quem consegue realizar essa proeza torna-se bajulador!

BLITZ

Ataque; ação rápida e sem aviso

››› *It's time we had a blitz on the garage.*

››› Está na hora de a gente atacar a limpeza da garagem.

A PALAVRA *blitz* é uma abreviação do alemão *blitzkrieg*, "guerra-relâmpago", ou ataque repentino, que designava os ataques aéreos dos alemães na Inglaterra, principalmente na cidade de Londres, em 1940 e 1941, durante a Segunda Guerra Mundial. Esses terríveis bombardeios destruíram muitos prédios e mataram mais de 15 mil pessoas.

Informalmente, hoje a expressão *to have a blitz on* é usada para significar um outro tipo de ataque — um esforço especial para terminar um trabalho atrasado ou resolver um problema de forma rápida e definitiva. É usada especialmente quando é preciso livrar-se de objetos indesejáveis e fazer uma faxina total.

BLOCKBUSTER

Um livro ou um filme de enorme sucesso

››› *This is a real blockbuster movie.*

››› Esse filme é um enorme sucesso.

O TERMO *blockbuster*, hoje, tem conotações positivas, indicando grande sucesso, especialmente para filmes, livros ou shows, mas sua origem não é nada agradável.

O próprio nome, traduzido ao pé da letra, *blockbuster*, "arrasa-quarteirão", dá um indício. Durante a Segunda Guerra Mundial, as bombas pesadas com explosivos de alta potência, capazes de destruir um quarteirão inteiro, eram chamadas de *blockbusters*.

É fascinante saber que uma palavra, cujo significado original representava algo tão nocivo, tenha se tornado algo tão positivo.

BLOODY [UK/AUS]

Maldito; expressa intensidade

››› *I hate this bloody place, but there's not a bloody thing I can do about it!*

››› Eu odeio esse maldito lugar, mas não posso fazer porcaria nenhuma sobre isso!

NINGUÉM SABE ao certo a origem deste palavrão leve e tipicamente britânico e australiano. Uma origem criativa sugere que é uma corruptela de *By Our Lady!*, algo como "Nossa Senhora!". Seja qual for a origem, é uma das palavras mais usadas na terra da Rainha Elizabeth II e na Austrália quando se está bravo ou irritado, por exemplo, *You bloody fool!*, "Seu burro!", ou simplesmente para enfatizar qualquer palavra ou frase. Por exemplo: *It's bloody great!*/É muito legal!

BOLONEY

Bobagem; mentira

››› *That's a load of boloney!*

››› Isso é pura bobagem!

ESTA PALAVRA coloquial, escrita como *boloney* ou *baloney*, tem sua origem no nome da linguiça bolonhesa — em inglês, *bologna*. Tradicionalmente, essa linguiça é recheada com uma miscelânea de sobras – o "lixo" do abate.

TO BONE UP

Estudar ou aprender muito

››› *While he was boning up for his exams, she boned up on the company for the meeting.*

››› Enquanto ele estudava para as provas, ela aprendeu muito sobre a empresa para a reunião.

DIZEM QUE o *bone*, "osso", nesta expressão, se refere às barbatanas de baleias que antigamente eram usadas para fabricar espartilhos, aqueles coletes femininos pouco confortáveis, que, contudo, ajudavam a destacar uma silhueta perfeita. Metaforicamente, então, essa expressão indica que, assim como o corpo ficava firme, a pessoa fica "firme" nos seus conhecimentos.

Outra explicação bem menos criativa cita o nome de Henry G. Bohn (1796-1884) como a origem desta expressão. Ele publicou traduções dos clássicos muito procuradas pelos alunos que se preparavam apressadamente para os exames.

A expressão *to bone up* não tem relação nenhuma com a palavra *boner*, que significa "pênis ereto", cuja conotação não deixa a mínima dúvida de que vem da palavra *bone*, "osso".

BONFIRE

Fogueira ao ar livre

››› *We built a huge bonfire for November 5th.*

››› Construímos uma fogueira enorme para o dia 5 de novembro.

ORIGINALMENTE, *BONFIRE* era chamado de *bone fire*, ou seja, "fogueira de ossos". Os ingleses, em cerimônias antigas, no solstício de verão, costumavam fazer uma fogueira com ossos de animais, como bois e carneiros, em memória de seus familiares e amigos mortos.

Bonfire Night ou *Guy Fawkes Night* é no dia 5 de novembro, quando os ingleses comemoram a tentativa fracassada de Guy Fawkes de explodir o rei e o Parlamento, em 1605. Todo ano, desde então, no dia 5 de novembro, são realizadas festas com fogos de artifício e fogueiras nas quais Guy Fawkes, representado por um boneco, é queimado em efígie.

A propósito, a palavra *guy*, no sentido de "cara" e tão comum na língua inglesa atual, tem sua origem no nome de Guy Fawkes.

THE BOONDOCKS [US]

A roça; o mato; onde Judas perdeu as botas

››› *They live way out in the boondocks.*

››› Eles moram lá onde Judas perdeu as botas.

DO TAGALO, língua nacional das Filipinas, *bondoc* significa "montanha". Em 1898, os americanos derrotaram os espanhóis, e assim começou a ocupação americana das Filipinas. Os militares americanos usavam a palavra *boondocks* para designar qualquer lugar bem distante da cidade, seja montanha ou selva, algo como a expressão em português "onde Judas perdeu as botas".

BOOZE

Bebida alcoólica

››› *Come to the party on Saturday and bring some booze.*

››› Venha para a festa no sábado e traga uma bebida.

Do holandês antigo *büsen*, "beber em excesso", a palavra booze é "bebida alcoólica", que também é usada como verbo, *to booze*. A pessoa que bebe em excesso é chamada de *boozer* (UK), e uma bebedeira ou uma festa com muita bebida alcoólica é um *booze up* (UK).

TO BE BORN WITH A SILVER SPOON IN ONE'S MOUTH

Nascer em berço de ouro

››› *She was born with a silver spoon in her mouth.*

››› Ela nasceu em berço de ouro.

Antigamente, os padrinhos ricos costumavam dar de presente uma colher de prata, *silver spoon*, ao afilhado de batismo, que normalmente também era de família rica ou aristocrática e certo de receber, por hereditariedade, todo tipo de vantagem. Hoje, além de descrever uma pessoa nascida de família rica, a expressão indica também qualquer pessoa que pareça ter muita sorte ou ter sucesso em tudo o que faz. Com o mesmo sentido, fala-se também *born under a lucky star*, referindo-se à influência das estrelas no destino e na sorte. *Born under an unlucky star* é o contrário, sem sorte na vida.

BOSS
Chefe

››› *He's the boss of the company.*

››› Ele é o chefe da empresa.

Do holandês *baas*, "mestre", além de significar o patrão e empregador, indica qualquer mandachuva ou líder político. O verbo *to boss around/about* é usado no sentido de constantemente controlar pessoas e dizer a elas o que devem ou não fazer. Por exemplo: *He's always bossing his little sister around.*/Ele está sempre mandando e desmandando na sua irmã mais nova.

BOXING DAY [UK]
Dia 26 de dezembro

››› *Boxing Day is a public holiday.*

››› Dia 26 de dezembro é feriado.

Na Inglaterra, no País de Gales e no Canadá, o dia 26 de dezembro ou, oficialmente, o primeiro dia depois do Natal, sem ser sábado ou domingo, é tradicionalmente um feriado nacional chamado de *Boxing Day*. Porém, não tem nada a ver com a luta de boxe. A palavra *box*, aqui, é a famosa caixinha de Natal, um costume que começou na igreja com uma caixa especial para contribuições espontâneas, aberta sempre no primeiro dia depois do Natal. A ideia geral de pedir uma gratificação no Natal veio depois e se espalhou rapidamente entre as pessoas que prestam serviços públicos, como carteiros, lixeiros etc. Hoje em dia, um leque enorme de pessoas pede a "caixinha", e gorjetas e presentes são distribuídos antes do Natal.

BREAK A LEG!

Boa sorte!

»» *Your interview is at 3 pm, right? OK. Break a leg!*

»» Sua entrevista é às 15 horas, certo? OK. Boa sorte!

DESEJAR QUE alguém quebre a perna, *break a leg*, é, sem dúvida, uma forma estranha de desejar boa sorte. Esta expressão tem origem no teatro e era falada para o ator antes de ele entrar em cena. A superstição diz que, quando se deseja algo ruim em voz alta, isso produz o efeito contrário, assim impedindo que a coisa indesejada aconteça. Do teatro, a expressão passou para o uso geral para desejar muita sorte e sucesso para alguém em qualquer contexto.

TO BRING HOME THE BACON

Tirar a sorte grande; ter muito sucesso; ganhar dinheiro para sustentar a família

»» *We expect Brazil to bring home the bacon at the Olympic games.*

»» Nós esperamos que o Brasil tenha muito sucesso nos Jogos Olímpicos.

DURANTE AS feiras anuais e festivais medievais, praticava-se um esporte surpreendente. Jogavam um porco besuntado de gordura para o ar e o competidor tinha de apanhá-lo. Quem conseguia segurar o porco, e não o deixava cair, levava o prêmio, *the bacon*, "toucinho defumado", para casa. Além de significar ganhar o prêmio, *to bring home the bacon* também pode ter o sentido de ganhar dinheiro para sustentar a família.

A propósito, o famoso *English breakfast*, o café da manhã inglês com *bacon and eggs*, continua sendo uma das poucas delícias da culinária britânica, embora não seja mais preparado diariamente nas casas de família. A mudança nesse costume se deve ao teor de gordura e ao risco para a saúde, mas também à falta de tempo para prepará-lo, ao custo e ao fato de que o cheiro da fritura permanece nas roupas e no cabelo de quem a prepara. Antigamente isso era tarefa, quase uma obrigação, das mulheres, que ficavam em casa. Hoje em dia, a maioria das mulheres também sai para trabalhar. Os hotéis e os restaurantes, no entanto, sempre oferecem o *full English breakfast* (UK), popularmente chamado de *fry-up* (UK), que consiste em ovos, fatias finas de toucinho defumado, tomates, cogumelos, batatas, linguiça e pão. Tudo frito! Tudo superdiet! Haja coração!

BUCK [US]

Dólar

››› *Can you lend me a couple of bucks?*

››› Você pode me emprestar alguns dólares?

A GÍRIA americana *buck*, para o dólar, tem sua origem na mesma palavra, significando um animal macho, e se refere à pele ou couro dos cervos machos, *buckskin*, que era usado nos Estados Unidos como dinheiro durante o século XVIII.

BUGGER [UK]

Malandro; imbecil

››› *He's such a bugger!*

››› Ele é tão malandro!

OS BÚLGAROS, seguidores da Igreja Ortodoxa Oriental, eram considerados hereges pelos cristãos da Europa

Ocidental, e no francês antigo, a partir do século XI, a palavra *bougre* designava qualquer herege. A palavra entrou na língua inglesa como *bugger* e adquiriu também a conotação intolerante de heresia com sodomia, ou seja, acreditava-se que todo herege também praticasse relação sexual anal! A partir do século XVIII, a palavra *bugger* perdeu esses sentidos originais e passou a ser usada como linguagem ofensiva e grosseira em geral, embora não muito pesada, e extremamente comum no inglês britânico do dia a dia. Exemplos:

You stupid bugger! – Seu idiota!
Poor bugger! – Coitado!
It's a real bugger! – É uma droga!
Bugger all! – Porcaria nenhuma!
Bugger me! – Porra, meu!
Bugger off! – Cai fora!
You buggered up everything! – Você estragou tudo!
I'm buggered! – Estou um bagaço!
Bugger it! – Dane-se!

BUM

Vagabundo; bunda

››› *He's such a bum!*
››› Ele é tão vagabundo!

Esta pequena palavra tem dois significados bem distintos. Para os americanos, *bum* é "vagabundo" ou "pessoa imprestável", e vem do alemão *bummeln*, "vadiar". *Bum* tem o mesmo sentido em inglês britânico, mas para os ingleses há outro significado principal, de origem desconhecida, que é o traseiro, ou as nádegas.

O verbo, *to bum*, que vem do sentido americano da palavra, é gíria para "filar", "mendigar". Exemplo: *Could I bum a cigarette off you?*/ Posso filar um cigarro seu?

TO BURY THE HATCHET

Fazer as pazes

››› *Let's bury the hatchet and be friends.*

››› Vamos fazer as pazes e ser amigos.

Esta expressão vem de um costume dos índios dos Estados Unidos. Quando eles se tornavam amigos depois de uma briga, enterravam as machadinhas, *hatchets*, e todas as outras armas, para mostrar que as hostilidades tinham terminado. Esse costume é parecido com o hábito de apertar a mão direita de outra pessoa depois de fazer as pazes ou na hora de se apresentar. O uso da mão direita, que costumava segurar a espada, indicava que a pessoa não estava carregando nenhuma arma e que, portanto, queria ser amiga. Já no caso dos canhotos...

TO BURY ONE'S HEAD IN THE SAND

Recusar-se a ver a realidade; ignorar um problema

››› *He just buries his head in the sand and refuses to talk to me.*

››› Ele simplesmente ignora o problema e se recusa a falar comigo.

Popularmente, o avestruz tem a reputação de enfiar a cabeça na areia, *bury its head in the sand,* quando perseguido, uma vez que, não podendo ver, ele acha que não pode ser visto! A expressão *to bury one's head in the sand* veio desse conceito para significar, metaforicamente, ignorar um problema ou situação desagradável e torcer para que desapareça.

Analisando bem, essa história do avestruz é pura bobagem. Se o animal fosse tão tolo para enfiar a cabeça na areia, certamente morreria asfixiado! Os *experts* confirmam que, de fato, o avestruz simplesmente encosta a cabeça numa pequena depressão na terra, que de longe dá a impressão de estar enterrada. Ah, bom!

C

CAB

Táxi

››› *Let's take a cab.*

››› Vamos pegar um táxi.

Cab é uma abreviação da palavra *cabriolet*, do francês *cabriole*, que significa "pulo de cabra" e se refere aos veículos leves puxados por cavalos que começaram a "saltitar" nas ruas de Londres, transportando pessoas, no início do século XIX.

A CAN OF WORMS

Um assunto complexo e difícil

››› *No one wants to open up that can of worms!*

››› Ninguém quer lidar com esse assunto complexo!

Para entender bem essa expressão, tem de se imaginar o seguinte: abrir uma lata, *can*, e achar um monte de vermes, *worms*, se enrolando na comida em decomposição. Essa metáfora indica uma situação complexa que você só descobre quando começa a lidar com o assunto, e implica se tornar desagradável, perturbador ou embaraçoso.

A propósito, a palavra *can*, além de significar "lata", tem mais dois sentidos na gíria em inglês americano, mas que não têm relação nenhuma com a expressão acima. Informalmente, *the can* (US) significa banheiro ou prisão.

CARDIGAN

Jaqueta de lã com botões ou zíper; cardigã

››› *Put your cardigan on. It's cold outside.*

››› Coloque sua jaqueta. Está frio lá fora.

O NOME da jaqueta ou casaco de malha de lã, *cardigan*, tem sua origem no nome do Conde de Cardigan (1797-1868), que participou das batalhas da Crimeia e do famoso ataque de Balaclava, em 1854. A jaqueta foi inventada para proteger as tropas britânicas contra o frio severo do inverno na Ucrânia. Balaclava também deu seu nome a uma peça de roupa, um gorro de malha que cobre o rosto e o pescoço, com uma abertura para os olhos e o nariz, usado naquela época pelos soldados e até hoje, por qualquer pessoa, para se proteger do frio.

CARTE BLANCHE

Carta branca

››› *They gave us carte blanche.*

››› Eles nos deram carta branca.

AS PALAVRAS francesas *carte blanche*, significando "carta branca", são usadas em inglês para designar a liberdade total ou poder completo, normalmente dado por uma autoridade superior, de fazer algo do jeito que se quiser.

A expressão do século XVII tem origem militar e se refere à carta ou ao papel deixado em branco, mas com a assinatura, que era usado na hora da rendição incondicional. Hoje a expressão *to give someone carte blanche* é usada no sentido figurado, significando dar total liberdade de ação a alguém.

TO CATCH SOMEONE WITH THEIR PANTS DOWN

Pegar alguém de surpresa, despreparado

»» *They were caught with their pants down when the government suddenly announced a 30% devaluation.*

»» Eles foram pegos de surpresa quando o governo anunciou de repente uma desvalorização de 30%.

SABE AQUELA situação em que você acaba de se acomodar no vaso para fazer as necessidades e alguém toca a campainha? Você é pego, literalmente, com as calças abaixadas, *caught with your pants down*. Pode-se também imaginar outras situações em que alguém é pego de surpresa com as calças abaixadas. Essa metáfora, de origem americana, é usada quando se pega alguém em desvantagem ou em qualquer situação potencialmente constrangedora.

CAT WALK

Passarela

»» *Gisele made a quick appearance on the catwalks of Paris.*

»» Gisele fez uma aparição rápida nas passarelas de Paris.

EM INGLÊS, a passarela onde modelos exibem as roupas durante um desfile de moda chama-se *catwalk*, mas não em homenagem às "gatas" e aos "gatos" humanos. A referência é às habilidades do gato animal, *cat*, que consegue andar sem cair em qualquer passagem muito estreita, como em cima de um muro. A palavra *catwalk* é também usada para designar os *fashion shows* e a indústria da moda em geral.

A propósito, para a pessoa considerada "gata", em português, usa-se o adjetivo *cute*, em inglês. Por exemplo: *He's really cute!*/Ele é um gato!

CHICKEN FEED

Pouco dinheiro; uma mixaria

››› *That's chicken feed for such a big company.*

››› Isso é uma mixaria para uma empresa tão grande.

A RAÇÃO de galinha, *chicken feed*, costuma ser os grãos de milho menores e mais baratos. Assim, no sentido figurado, as palavras *chicken feed* passaram da granja para o uso geral para significar informalmente uma quantia insignificante de dinheiro.

A CHIP OFF THE OLD BLOCK

Tal pai, tal filho

››› *Johnny is a chip off the old block.*

››› Johnny é igualzinho ao pai dele.

UM PEDAÇO de madeira, *chip*, quando cortado de um bloco maior, mantém as mesmas características do bloco original. Assim, no sentido figurado, uma pessoa que se parece muito com o pai ou com a mãe, ou que se comporta de maneira igual a um deles, em inglês, é chamada de *a chip off the old block*.

CHOCK-A-BLOCK

Superlotado

››› *London is chock-a-block with tourists in July.*

››› Londres fica muito cheia de turistas em julho.

A PALAVRA *block*, nesta expressão, vem da mesma palavra significando um bloco de madeira náutico, através do qual passa uma corda. A ideia da expressão *chock-a-block* é de um bloco contra outro bloco, bem apertado, e a corda lotada de blocos. Fala-se também *chock-full* para significar completamente cheio, abarrotado, principalmente em se tratando de coisas agradáveis ou divertidas. Por exemplo: *This book is chock-full of fascinating curiosities.*/Esse livro está repleto de curiosidades fascinantes.

CHOP-CHOP

Rapidamente; sem demora

››› *Come on, let's go! Chop-chop!*

››› Venha! Vamos! Rápido!

De um dialeto chinês *kap kap*, significando rápido, esta expressão entrou na língua inglesa no século XIX. Da mesma origem temos também *chopsticks*, os pauzinhos que os chineses, japoneses e coreanos usam para comer. O nome em chinês traduzido é algo como "os ágeis, os rápidos". Pode até ser para os orientais, mas para os ocidentais novatos sem iniciação na técnica é outra história!

O *chop suey*, aquele prato chinês americanizado, com fatias de carne e legumes, não tem a mesma origem. Vem do chinês *tsap sui*, significando simplesmente "pedaços misturados".

TO CLAM UP

Ficar calado; perder a fala

››› *She suddenly clammed up and refused to speak to me.*

››› Ela ficou calada de repente e se recusou a falar comigo.

To clam up significa parar de falar, normalmente por timidez ou nervosismo, ou recusar-se a falar ou a dar informações secretas. A expressão parece ter origem na mesma palavra *clam*, nome geral de várias espécies de moluscos bivalves (mexilhões, ostras e mariscos). O *clam*, quando não quer abrir "a boca", se fecha firme e se esconde, cavando fundo na areia ou na lama. Nos Estados Unidos, os *clams* são uma iguaria muito apreciada. Os americanos fazem até piquenique na praia chamado de *clambake* (US), no qual eles cozinham e comem os *clams*. Aí eles ficam muito felizes ou, como dizem informalmente, *as happy as a clam*.

TO CLEAR THE DECKS

Preparar-se para a ação, tirando tudo que não for necessário

››› *Let's clear the decks and start preparing for the party.*

››› Vamos tirar tudo e começar a nos preparar para a festa.

De origem náutica, *to clear the decks* significa aprontar o navio para combate, tirando tudo do convés, *deck*, que normalmente fica abarrotado de bugigangas. Antigamente, isso tinha de ser feito para não atrapalhar o funcionamento dos canhões. No sentido figurado, a expressão significa livrar-se de tudo que é desnecessário e fazer o que tem de ser feito para poder começar algo mais importante.

CLIFFHANGER

Situação de suspense ou ansiedade

››› *The game was a cliffhanger right up to the final whistle.*

››› Foi um jogo emocionante até o apito final.

No início do cinema, os filmes americanos de aventura serializados, como *Zorro*, sempre terminavam o capítulo com o herói ou a heroína em apuros, perigosamente pendurado em um penhasco, *cliff*, deixando os espectadores em suspense, angustiados. Assim, a volta do público para assistir ao próximo capítulo era incentivada, senão garantida. A mesma técnica de um final de capítulo emocionante e incerto é também utilizada nas telenovelas brasileiras. No sentido figurado, a palavra *cliffhanger* é usada em inglês para significar qualquer situação dramática em que o resultado é incerto.

TO CLIMB ON THE BANDWAGON

Fazer algo por imitação dos outros para ter sucesso

››› *Many people are climbing on the Internet bandwagon.*

››› Muitas pessoas estão embarcando na onda da Internet.

NOS ESTADOS Unidos, principalmente nos estados do Sul, costumava-se desfilar com carros pelas ruas das cidades para fazer propaganda política. Usavam-se caminhões com uma banda de música em cima, *bandwagons*, e, na época das eleições, pessoas querendo mostrar seu apoio publicamente pulavam em cima do caminhão para passear junto com a banda.

No sentido figurado, *to climb on the bandwagon* significa juntar-se a outros em atividades que estão na moda, são populares e que têm grande probabilidade de sucesso ou oferecem benefícios materiais rápidos e fáceis. Fala-se também *to jump on the bandwagon* ou *to join the bandwagon.*

IN CLOVER

Na boa vida

››› *He lives in clover now after receiving a huge inheritance.*

››› Ele está na boa vida agora após receber uma herança gigantesca.

FALA-SE *SHE/HE lives in clover* quando alguém vive bem, com conforto, luxo e despreocupação. *Clover* é a planta conhecida como trevo, e a expressão se refere ao gado pastando em campos cheios de trevos — eta, vida boa!

COACH

Carruagem; ônibus (UK); classe econômica (US); técnico (de esportes)

››› *We're going on a coach trip to Oxford.*

››› Nós vamos a uma excursão de ônibus para Oxford.

DA PALAVRA *Kocs*, o nome da aldeia na Hungria onde eram fabricadas as primeiras carruagens puxadas por cavalos. No transporte moderno, *coach* é o nome, em inglês britânico, do ônibus confortável usado para viagens longas e excursões, *coach trips*. Já no inglês americano, *coach* significa a classe econômica, o lugar mais barato num trem ou avião. Por exemplo: *We flew coach to Los Angeles.*/ Nós viajamos na classe econômica para Los Angeles.

Nos esportes, o treinador ou técnico é chamado de *coach* por todos, provavelmente porque é ele quem "carrega" seus alunos.

THE COAST IS CLEAR

O caminho está livre; o perigo passou

››› *The coast is clear. We can go now.*

››› O perigo passou. Podemos ir agora.

ESTA EXPRESSÃO tem sua origem na linguagem dos contrabandistas da região costeira, *coast*, que falavam isso quando a barra estava limpa, ou seja, quando não havia a presença da guarda costeira ou da polícia marítima. No sentido figurado, significa que não há pessoas à vista e pode-se fazer o que quiser sem ser perturbado.

A COCK-AND-BULL STORY

Uma história absurda e improvável; lorota

››› *He gave me a cock-and-bull story about an armed robbery.*

››› Ele me contou uma história absurda sobre um assalto à mão armada.

HÁ DUAS versões para a origem desta expressão. Uma diz que vem das fábulas e narrativas alegóricas antigas, em que galos, *cocks*, touros, *bulls*, e outros animais conversavam entre si. Outra sugere que vem dos nomes de duas tavernas do século XVII, uma chamada *The Cock* e outra, *The Bull*. Eram hospedarias de beira de estrada para viajantes, onde costumavam-se contar histórias mirabolantes e difíceis de acreditar.

Por coincidência, a palavra *bull* também significa papo furado ou conversa sem sentido, mas a origem é outra. É uma abreviação da palavra *bullshit*, e a pessoa que fala bobagem é chamada de *bullshitter*. Embora consideradas um pouco indelicadas, são palavras muito usadas no inglês do dia a dia.

COLD SHOULDER

Indiferença; desprezo

››› *She gave him the cold shoulder.*

››› Ela o tratou com desprezo.

NOS TEMPOS medievais, a comida dos criados nas casas dos nobres era carne de carneiro, especificamente do dorso ou da cernelha, *shoulder*, do animal. Quando o anfitrião oferecia, então, esse pedaço de carne e ainda por cima frio para algum convidado, era sinal de que o mesmo estava sendo mal recebido e desprezado.

TO COME UP TO SCRATCH

Corresponder às expectativas; estar satisfatório

››› *Your work doesn't come up to scratch.*

››› Seu trabalho não está satisfatório.

SEGUNDO O regulamento de lutas de pugilistas profissionais estabelecido em 1839, cada *round* termina quando um dos lutadores é derrubado. Após um intervalo de trinta segundos, esse lutador tem mais oito segundos para chegar até uma linha no centro do ringue, que antigamente era riscada no chão. Se ele não conseguir chegar até o risco, *scratch*, é considerado derrotado, e o outro pugilista é declarado o vencedor.

TO COOK THE BOOKS

Falsificar a contabilidade

››› *He's been cooking the books for years.*

››› Há anos que ele está falsificando a contabilidade.

EM INGLÊS, adulterar os livros de contabilidade para ganhar dinheiro de forma desonesta é chamado de *to cook the books*, ao pé da letra "cozinhar os livros", no sentido de deixá-los mais saborosos e agradáveis ao paladar de quem os "come", é claro.

COTTAGE CHEESE

Queijo cottage

››› *I love cottage cheese on toast.*

››› Eu adoro queijo cottage na torrada.

A PALAVRA *cottage* significa a pequena casa de campo que deu origem à espécie de queijo branco feito de coalho e com baixo teor de gordura, parecido com ricota. Originalmente, esse tipo de queijo era produzido nas cozinhas dessas casas rústicas nas fazendas.

Da mesma origem, *cottage industry* designa uma indústria caseira ou qualquer negócio em que as pessoas trabalham nas suas próprias casas fabricando diversos produtos.

COUCH POTATO

Pessoa preguiçosa que passa muito tempo na frente da televisão

››› *He's a real couch potato.*

››› Ele é muito preguiçoso e não sai da frente da televisão.

ESTA EXPRESSÃO, de origem americana recente, indica uma pessoa inativa e sem imaginação, que prefere passar o tempo ociosamente no sofá, *couch*, assistindo à televisão, a fazer qualquer atividade, principalmente física. O uso na expressão da palavra batata, *potato*, pode se referir à semelhança da pessoa ao legume, ou ao fato que esse tipo de pessoa costuma consumir grandes quantidades de batatinhas fritas enquanto está sentada ou deitada no sofá.

TO CRAM

Preparar-se apressadamente para um exame

››› *She's cramming for her university entrance exams.*

››› Ela está se preparando apressadamente para o vestibular.

TO CRAM significa meter à força, ou empanturrar-se, que é literalmente o que os alunos fazem quando estudam muito e tentam aprender o máximo em pouco tempo para se preparar para um exame e dar uma virada final. Assim, a escola particular que se especializa em preparar os alunos para o vestibular, o famoso cursinho, chama-se *crammer* em inglês.

CRUMMY

Em mau estado; de má qualidade

››› *It's a really crummy hotel.*

››› É um hotel vagabundo, de terceira.

PALAVRA COLOQUIAL, *crummy* vem do termo *crumb*, que significa "migalha de pão". *Crummy*, então, se refere a qualquer coisa sem valor, desagradável ou de má qualidade. Quando uma pessoa se sente mal, também pode dizer: *I'm feeling really crummy*/Estou me sentindo um lixo.

CURFEW

Toque de recolher

››› *What time is the curfew?*

››› A que horas é o toque de recolher?

DO FRANCÊS arcaico *covrefeu*, "cobrir o fogo", o *curfew* ou "toque de recolher" é um regulamento que foi criado em 1068, na Inglaterra. Às oito horas da noite, tocava-se um sino para anunciar o momento de apagar o fogo nas lareiras e se recolher. O objetivo principal de todos apagarem as lareiras da cidade era evitar acidentes graves durante a noite com o fogo, que podia se espalhar rapidamente. Hoje, o termo é mais usado para o toque de recolher imposto pelas autoridades durante uma guerra ou durante qualquer distúrbio ou tumulto.

Menos grave, mas levado muito a sério por várias pessoas, o *curfew* é também a hora da noite estipulada pelos pais para a chegada dos filhos jovens em casa.

CUSHY

Confortável; agradável; fácil; "mole"

››› *She's got a cushy job.*

››› Ela tem um serviço que é uma mamata.

NÃO SE sabe ao certo a origem desta palavra, mas há duas versões boas. Uma diz que vem da palavra em híndi *khuush*, "agradável", que os soldados britânicos na Índia adotaram. Outra versão é que tem origem na palavra *cushion*, "almofada".

D

DAYS OF THE WEEK

Os dias da semana

››› *There are seven days in a week.*

››› Uma semana tem sete dias.

NÃO SE sabe ao certo qual povo antigo foi o primeiro a fazer a divisão do tempo em sete dias, dando para cada dia nomes dos planetas do sistema solar e dos deuses, mas foi por meio dos romanos que isso se espalhou por toda a Europa. Os nomes dos dias da semana, em inglês, ficaram assim:

Sunday — *day of the Sun* — dia do Sol.
Monday — *day of the Moon* — dia da Lua.
Tuesday — *day of Tiu, god of war* — dia de Tiu, deus da guerra.
Wednesday — *day of Woden* — dia de Woden, ou Odin, deus que correspondia a Mercúrio.
Thursday — *day of Thor* — dia de Thor, deus do trovão.
Friday — *day of Frigg* — dia de Frigga, esposa de Woden.
Saturday — *day of Saturn* — dia de Saturno.

D-DAY

Dia D

››› *After months of campaigning, everybody is ready for D-Day tomorrow.*

››› Após meses de campanha, todo mundo está preparado para o Dia D amanhã.

NESSA EXPRESSÃO de origem militar, o D é a letra inicial da palavra inglesa *day*, “dia”. Na Segunda Guerra Mundial, o dia marcado para a invasão da Europa pelos Aliados, as tropas britânicas, americanas e outras, foi o dia 5 de junho de 1944. Devido ao péssimo tempo naquele dia, foi adiado para o dia seguinte, e no dia 6 de junho as tropas chegaram às praias da Normandia, no Norte da França. Da área militar, a expressão *D-Day* passou a significar o dia em que algo importante acontece, principalmente algo que foi planejado durante um bom tempo.

DENIM

Sarja; brim

››› *She was wearing denim jeans.*

››› Ela estava usando uma calça jeans.

DENIM É um tecido de algodão forte e resistente usado na confecção de calças, saias e jaquetas, principalmente jeans. *Denim jeans* e *denim jackets*, normalmente de cor azul, são muito populares no mundo inteiro. O nome *denim* originou-se da contração do francês *serge de Nîmes*, “sarja de Nîmes”, que é o nome da cidade no Sul da França onde essas roupas foram confeccionadas pela primeira vez.

DIAPER [US]

Fralda

››› *Most people use disposable diapers.*

››› A maioria das pessoas usa fraldas descartáveis.

DO FRANCÊS *dipre*, que era um pano branco com flores coloridas usado desde o século XIV. A partir do século XIX, a palavra *diaper* foi usada pela primeira vez para significar "fralda" nos Estados Unidos. No Reino Unido, essa palavra nunca foi usada. "Fralda", em inglês britânico, é *nappy* (UK), que provavelmente é uma variação da palavra *napkin*, "guardanapo", que também é um pedaço de pano, mas usado para limpar os lábios.

DIME

A moeda americana e canadense de dez centavos

››› *Ten dimes make a dollar.*

››› Dez dimes valem um dólar.

O NOME da moeda americana e canadense *dime* vem do francês arcaico *disme*, que significa "um décimo". Uma *dime* vale dez *cents*, ou seja, a décima parte de um dólar.

A expressão *a dime a dozen* (US) significa extremamente comum e medíocre, ou, em se tratando de valor, muito barato, "a preço de banana". Na Inglaterra, a expressão equivalente é *two/ten a penny* (UK).

DINGHY

Bote; pequeno barco de remos

››› *They went ashore in an inflatable rubber dinghy.*

››› Eles foram até a praia em um bote de borracha inflável.

EM INGLÊS, o pequeno bote usado para diversão ou para chegar até a terra partindo de um barco maior é chamado de *dinghy*. O tipo comum, inflável e de borracha, é o *rubber dinghy*. No século XVIII, os marinheiros britânicos na Índia perceberam os pequenos botes nativos usados nos rios indianos, que em híndi, a língua nacional da Índia, eram chamados de *dingi*, que significa

"pequeno barco". Os britânicos gostaram e adotaram a ideia e o nome.

DISMAL

Escuro; sombrio; triste; horrível

››› *The weather's so dismal today!*

››› O tempo está tão horrível hoje!

Do LATIM *dies mali*, "dias maus". Segundo o calendário medieval, todo mês tinha dois dias de azar, desgraça e infelicidade. Felizmente, o calendário foi mudado, e é só a palavra que continua, significando qualquer coisa ruim e deprimente.

DITTO

Idem; o mesmo

››› *"I'm going to have a beer." "Ditto."*

››› "Eu vou tomar uma cerveja." "Eu idem."

Do ITALIANO *detto*, "dito". Em inglês fala-se *ditto* quando você concorda com algo que acaba de ser dito ou quando seus desejos ou sentimentos são iguais. *Ditto mark* é aquele símbolo (") escrito embaixo de uma palavra ou frase em uma lista para evitar a repetição da linha superior.

DOGGY BAG

Embalagem para as sobras de comida no restaurante

››› *Please put the rest of this food in a doggy bag.*

››› Favor colocar o resto dessa comida numa embalagem para viagem.

NOS RESTAURANTES na Inglaterra e nos Estados Unidos, é comum o freguês levar as sobras de comida para casa, normalmente acondicionadas em embalagens de alumínio, que são chamadas de *doggy bags*, ao pé da letra "sacos para o cachorro". Frequentemente, porém, isso é um disfemismo, porque, embora aparentemente seja para um cachorro, a comida é, na verdade, para o consumo humano.

IN THE DOLDRUMS

Desanimado; deprimido; inativo

››› *He's been in the doldrums ever since his wife left him.*

››› Ele está deprimido desde que a esposa o deixou.

EXPRESSÃO NÁUTICA, *the doldrums* se refere à zona das calmarias equatoriais, onde há poucos ventos. No sentido figurado, *in the doldrums* significa a sensação de tristeza ou tédio, ou qualquer situação com falta de sucesso ou atividade. Por exemplo: *His career is in the doldrums.*/Sua carreira está estagnada.

DOLLAR

Dólar

››› *Can you lend me ten dollars?*

››› Você pode me emprestar dez dólares?

O DÓLAR é a moeda usada hoje em vários países, como Estados Unidos, Canadá, Austrália, Nova Zelândia e Cingapura, entre outros. A palavra *dollar* é uma variação do alemão *thaler*, que significa "vale", no sentido geográfico. No final do século XV, os condes de Schlick cunhavam moedas de prata que eram extraídas das minas em Joachimsthal, o vale de Joachim, que hoje chama-se Jáchymov e fica na República Tcheca. As moedas, chamadas de Joachimsthaler, ficaram famosas e se tornaram uma moeda-padrão. O primeiro dólar americano foi cunhado nos Estados Unidos, em 1794.

A origem do símbolo para o dólar americano ($) é a letra U sobreposta na letra S, das palavras *United States.*

A expressão *to see dollar signs* significa "pensar exclusivamente sobre o valor de qualquer coisa ou pessoa".

Há também um termo expressivo que enfatiza o poder da moeda americana, *the almighty dollar,* o dólar todo-poderoso, em referência à expressão *the Almighty God,* "o Deus Todo-Poderoso".

DOPE

Narcótico; droga; pessoa tola; imbecil

››› *Many dope dealers have been arrested.*

››› Muitos traficantes foram presos.

A PALAVRA *dope* tem sua origem no holandês *doop,* "molho" ou "caldo de carne", registrado em uso com esse sentido em 1807. Foi somente a partir de 1895 que a palavra passou a significar drogas, possivelmente por causa dos ingredientes desconhecidos na sua preparação, como nos molhos especiais. Usa-se informalmente a palavra *dope* para significar as novidades, o fuxico. Por exemplo: *What's the dope on his new girlfriend?*/Qual é a novidade sobre sua nova namorada?

A palavra *dope* é usada também para designar uma pessoa tola, referindo-se ao fato de que ela se comporta como se estivesse sob a influência de drogas.

ON THE DOT

Em ponto

››› *He arrived at 9 a.m. on the dot.*

››› Ele chegou às 9 horas em ponto.

A EXPRESSÃO *on the dot,* significando "na hora exata", se refere ao ponteiro do relógio que indica os minutos e que numa hora exata está precisamente em cima do ponto, *dot,* no mostrador do relógio que marca um determinado minuto. *On the dot,* além de ser uma expressão útil, representa um conceito enraizado de falantes nativos da língua inglesa. A famosa pontualidade britânica, fonte de muito orgulho no Reino Unido, é também bastante apreciada e respeitada em muitos países do mundo inteiro.

A propósito, as empresas e os negócios pontocom da internet são chamadas, em inglês, de *dot.com* ou *dot-com. Dot* também é o nome do símbolo em endereços na internet e é usado igual à palavra "ponto" em português. A leitura do site www.disaleditora.com.br em inglês seria: *www dot disaleditora dot com dot br.*

DOUBLE-DECKER

Ônibus de dois andares (UK); tipo de sanduíche (US)

››› *Let's take the double-decker.*

››› Vamos pegar o ônibus de dois andares.

O DECK de um ônibus se refere ao assoalho, e o famoso *double-decker bus,* ou ônibus de dois andares, começou a circular pelas ruas de Londres em 1847. Era um ônibus puxado por cavalos, com bancos de madeira na sua cobertura. Embora o *double-decker* vermelho seja

um dos espetáculos de Londres, os ônibus de dois andares encontram-se por toda parte na Grã-Bretanha.

A expressão também se refere à comida, principalmente nos Estados Unidos. A *double-decker* (US) ou a *double-decker sandwich* (US) é um sanduíche que tem três fatias de pão e duas camadas de recheio.

DOWN AND OUT

Acabado; derrotado; arruinado

››› *George Orwell wrote the book* Down and Out in Paris and London *in 1932.*

››› George Orwell escreveu o livro *Down and out in Paris and London* em 1932.

Esta expressão vem do pugilismo e é usada quando um lutador é nocauteado. No sentido figurado, indica que a pessoa está totalmente privada de recursos, sem chance de se recuperar, ou financeiramente arruinada.

Vagabundos sem dinheiro e sem ter onde morar também são chamados de *down and outs*.

DOWN TIME

A hora de descanso e diversão

››› *You need more down time.*

››› Você precisa de mais descanso e diversão.

Esta expressão nova vem da linguagem da computação e indica o tempo que o computador está em manutenção, ou o tempo ocioso de qualquer máquina. Por extensão, quando estamos fora de ação, e não trabalhando, é nossa hora de relaxarmos e nos divertirmos.

DRESSED TO KILL

Vestido para arrasar

››› *She arrived at the party dressed to kill.*

››› Ela chegou na festa vestida para arrasar.

QUANDO ALGUÉM está vestido de forma bem atraente, *dressed to kill*, ao pé da letra "vestido para matar", não é nenhum assassino maluco. A ideia é impressionar as outras pessoas e fazê-las se sentirem sexualmente atraídas para poder conquistar ou "matar" a pessoa escolhida.

DRY RUN

Ensaio completo

››› *We need a dry run first.*

››› Nós precisamos de um ensaio completo primeiro.

ESTA EXPRESSÃO vem da época da Lei Seca (1920-1933) nos Estados Unidos, quando a bebida alcoólica era feita e vendida clandestinamente. Os contrabandistas faziam primeiro uma viagem "seca", sem as bebidas alcoólicas ilícitas, para planejar e decidir o caminho a ser usado mais tarde para transportar o contrabando.

Hoje, o termo *dry run* significa um ensaio completo em qualquer tipo de atividade antes de pô-la em prática.

TO DUNK

Mergulhar ou molhar alguma coisa comestível em um líquido

››› *He dunked a biscuit in his tea.*

››› Ele mergulhou uma bolacha no seu chá.

DUNK É um hábito enraizado nas culturas americana e britânica. Significa mergulhar ou molhar biscoito, pão, bolo, *doughnut* etc. no café, no leite, na sopa etc. Vem da palavra em alemão *tunken*, "afundar", e era usada, no século XVIII, pelos imigrantes alemães que se estabeleceram em colônias na Pensilvânia. Eles levavam o batismo a sério, e os membros do movimento religioso chamavam-se *Tunker*. A letra T mudou com o tempo para D e, em vez de significar o mergulho do batismo, a palavra passou a ser usada para designar o hábito de embeber comida em líquido.

No jogo de basquete, *dunk* significa "enterrar a bola na cesta". Quando o jogador pula alto e empurra a bola na cesta com bastante força, chama-se *slam dunk*.

DUTCH COURAGE

Falsa coragem produzida pelo álcool

››› *I'll have a few drinks first to give me Dutch courage.*

››› Eu vou tomar algumas bebidas primeiro para me dar coragem.

A CORAGEM fictícia que uma pessoa tem quando está bêbada é denominada "holandesa", *Dutch*, pelos ingleses, porque eles consideravam os holandeses grandes consumidores de álcool. Essa imagem desfavorável dos holandeses pode ter origem nas guerras do século XVII entre a Inglaterra e a Holanda e nas hostilidades daquela época, porque não há indício nenhum de que os ingleses bebam menos do que os holandeses!

Outro hábito, extremamente positivo, leva o nome dos holandeses. *To go Dutch* quer dizer que "cada um paga por si", principalmente em se tratando de despesas de restaurante, bebidas e diversão em geral quando se sai de casa. É um hábito bastante comum na Europa e nos Estados Unidos, mesmo entre namorados e casais.

E

EAGER BEAVER

Pessoa muito zelosa; aplicada; diligente

››› *He's a real eager beaver and never stops working.*

››› Ele é muito aplicado e nunca para de trabalhar.

A PALAVRA inglesa *eager* quer dizer "entusiástico" e "impaciente". *Beaver* é o nome do roedor, em português "castor", que vive na América do Norte, no norte da Europa e na Ásia e é muito conhecido pelo trabalho duro de fazer barragens com toras de madeira e lama para represar a água e criar lagoas. *Eager beaver* é uma expressão inventada pelos americanos, durante a Segunda Guerra Mundial, para designar os recrutas excessivamente zelosos que se ofereciam voluntariamente para todos os serviços. Depois da guerra, a expressão passou ao uso geral para significar qualquer pessoa excessivamente zelosa, diligente e incansável no trabalho.

EARLY BIRD

Madrugador; pessoa que chega cedo; pessoa de ação

››› *You're an early bird. The course hasn't started yet.*

››› Você chegou cedo. O curso ainda nem começou.

EM INGLÊS, a expressão *early bird* significa uma pessoa que acorda cedo, começa a trabalhar antes dos outros, chega antes dos outros, enfim, que aproveita todas as vantagens e chances de sucesso e de atingir objetivos que esse comportamento pode trazer. A expressão vem do provérbio *The early bird catches the worm*, que, ao pé da letra, seria "O pássaro que madruga pega a minhoca". Em português, o provérbio é "Deus ajuda quem cedo madruga".

MY EARS ARE BURNING

Minhas orelhas estão queimando

››› *My ears are burning. I wonder what they are saying about me.*

››› Minhas orelhas estão queimando. O que será que eles estão dizendo de mim?

SE SUAS orelhas ficam rubras e lhe dão a sensação de que estão queimando, isso quer dizer que alguém está falando de você na sua ausência. Trata-se de uma superstição muito antiga, explicada pela presença dos nossos anjos da guarda. Se alguém fala bem, o anjo toca sua orelha direita para lhe dar alegria. Se falam mal, ele o avisa tocando a orelha esquerda.

EASTER

Páscoa

››› *We get two weeks holiday at Easter.*

››› Nós temos duas semanas de férias na Páscoa.

EM INGLÊS, o nome *Easter* tem sua origem no nome anglo-saxão da deusa Eostre, que era festejada em celebrações pagãs no equinócio de primavera. Eostre era a deusa da alvorada e, como o próprio nome diz, deusa do leste, *East* em inglês. O nome dela foi adotado para designar a Páscoa cristã, comemorando a ressurreição de Cristo, porque era mais ou menos na mesma época do ano.

Em inglês, a Sexta-Feira da Paixão é chamada de *Good Friday*, o Domingo de Páscoa é *Easter Sunday* ou *Easter Day*, e ainda há mais um feriado nacional no Reino Unido, na segunda-feira após o Domingo de Páscoa, chamado de *Easter Monday*. Os ovos de Páscoa, símbolos de fertilidade e renovação da vida, são, em inglês, *Easter Eggs*, e quem traz as guloseimas, obviamente, é o *Easter Bunny*, o Coelho da Páscoa!

TO EAT HUMBLE PIE

Desculpar-se; humilhar-se

››› *I'll have to go and see him and eat humble pie.*

››› Eu vou ter de visitá-lo e me desculpar.

EM INGLÊS, a palavra *humble* significa "humilde", mas a expressão *to eat humble pie* vem de um jogo de palavras. Aqui, *humble pie* significa "uma torta de *umbles*" ou "vísceras". Antigamente, após a caça, a carne dos animais era servida para os aristocratas, enquanto o coração, o fígado, os intestinos etc., chamados de *umbles*, eram separados e colocados em uma torta para os plebeus. Então, *to eat humble pie*, no sentido figurado, significa "engolir a humilhação", "admitir a culpa" e "desculpar-se".

EENY, MEENY, MINY, MO

Corresponde a "minha mãe mandou eu escolher este daqui..."

››› *Who's going to pay? Let's see. Eeny, meeny, miny, mo...*

››› Quem é que vai pagar? Vamos ver. Minha mãe mandou eu escolher este daqui...

TODO BRASILEIRO conhece a música usada para escolher uma pessoa de um grupo:

"Minha mãe mandou eu escolher este daqui,
mas como eu sou teimoso,
vou escolher este daqui."

Em inglês, existem duas versões para essa brincadeira que são usadas por todas as crianças e, frequentemente, pelos adultos. A versão preferida pelos britânicos é:

Eeny, meeny, miny, mo,
put the baby on the po.
When he's done, wipe his bum.
Eeny, meeny, miny, mo.

O primeiro verso, repetido no final, não tem sentido, sendo, portanto, impossível de traduzir. O restante em português seria algo como:

"Coloque o bebê no penico.
Quando ele terminar, limpe o bumbum dele."

E a rima preferida pelos americanos é:

Eeny, meeny, miny, mo,
catch a tiger by the toe.
If he hollers,
let him go.
Eeny, meeny, miny, mo.

Os versos 2, 3 e 4 seriam, em português:

"pegue um tigre pelo dedo do pé.
Se ele gritar,
solte-o."

Como em português, na brincadeira em inglês a pessoa que fala a rima aponta para uma pessoa diferente da roda a cada palavra. A escolhida é a pessoa em que o verso termina. Usada pelas crianças e adultos hoje em dia como uma brincadeira, sua origem é bem mais séria. Dizem que é uma reminiscência do tempo dos sacerdotes druidas, que usavam esse tipo de rima em uma roda de pessoas para escolher quais delas seriam sacrificadas aos deuses.

EFF, EFFING

Eufemismo para *fuck*; *fucking*

››› *There's sweet eff all to do here!*

››› Não tem porra nenhuma para fazer aqui!

Fuck, "FODER", é uma palavra inglesa considerada extremamente ofensiva. No início da década de 1960, para evitar a palavra feia e vulgar, foi inventado o eufemismo *eff*, como se fosse falar só a primeira letra, F. *Eff* é menos chocante, mas continua sendo um palavrão, já que todo mundo sabe qual é a palavra verdadeira. Além de ser usada para xingar, como, por exemplo, *Eff off* !, "Cai fora!", pode ser usada para enfatizar algo, como, por exemplo: *It's effing hot today!*/Tá fazendo um puta calor hoje!.

ENCORE

Bis

»» *The audience shouted: "Encore!"*

»» A plateia gritou: "Bis!"

Quando falantes da língua inglesa querem pedir a repetição de alguma apresentação, em geral artística, ou algo semelhante, eles recorrem à palavra francesa *encore*, que significa "outra vez". Curioso é o fato de os próprios franceses usarem a palavra *bis*, cujo significado é "duas vezes", igual ao português.

ENGLAND

Inglaterra

»» *The current population of England is around 50 million inhabitants.*

»» A população atual da Inglaterra está em torno de 50 milhões de habitantes.

O nome *England* significa "a terra", *land*, "dos angles", que era o nome do povo germânico que começou a invadir a ilha britânica no final do século V. A palavra *England* é frequentemente usada para designar o Reino Unido como um todo. Além de ser completamente incorreto, isso é considerado uma ofensa gravíssima aos cidadãos britânicos que não são ingleses, como, por exemplo, as pessoas da Escócia, do País de Gales e da Irlanda do Norte. Para esclarecer, outros nomes oficiais são usados:

Great Britain (Grã-Bretanha), que inclui os países *England* (Inglaterra), *Scotland* (Escócia) e *Wales* (País de Gales).

The United Kingdom ou *The UK*, o Reino Unido, inclui todos os países da Grã-Bretanha e *Northern Ireland*, a Irlanda do Norte. O nome completo é *The United Kingdom of Great Britain and Northern Ireland.*

ENTRÉE

Prato principal de uma refeição (US); antepasto (UK)

››› *He ordered the most expensive entrée on the menu.*

››› Ele pediu o prato mais caro do cardápio.

NOS RESTAURANTES americanos, *entrée*, do francês "entrada", significa o prato principal de uma refeição. Já para os britânicos, em jantares muito formais, é o prato servido como antepasto entre as iguarias principais, antes do prato principal. Se for muito chique, pode ter *hors d'oeuvre*, do francês "fora do trabalho", que é uma pequena porção de comida servida como aperitivo no início da refeição. Como entrada ou primeiro prato de uma refeição, usa-se hoje em dia um nome bem menos pretensioso, que é *starter* ou, no plural, *starters.*

F

FAD

Moda ou novidade passageira; coqueluche

››› *What's the latest food fad?*

››› O que está na última moda em termos de comida?

NÃO SE sabe ao certo a origem dessa palavra, mas uma teoria interessante sugere que vem das iniciais das palavras *for a day*, "por um dia". Pode até ser por um dia ou vários dias, mas uma *fad* só fica popular ou na moda durante um curto espaço de tempo.

FALL GUY

Bode expiatório; vítima; otário

››› *You're just being the fall guy.*

››› Você está sendo apenas o bode expiatório.

NOS ESTADOS Unidos, a partir do final do século XIX, a luta livre profissional, chamada de *wrestling* em inglês, começou a se tornar muito popular. Era comum também manipular ou arranjar a luta de maneira fraudulenta. Funcionava assim: um lutador prometia levar um tombo, *fall*, se o outro concordasse em não machucá-lo. Frequentemente, porém, o ganhador quebrava a sua promessa e acabava a luta de forma violenta e brutal. Nesse caso, o perdedor era chamado de *fall guy*, expressão que passou do ringue de luta livre para o uso geral para designar qualquer bode expiatório ou otário.

FARE

Preço da passagem

››› *How much is the fare?*

››› Quanto custa a passagem?

FARE, DO inglês arcaico *faran*, ir ou viajar, significava originalmente "a viagem" e depois, por extensão, o valor pago para viajar. O sentido original de ir continua presente na palavra *farewell*, "adeus", ao pé da letra "vá bem". Hoje é considerado antiquado desejar a alguém *farewell* na hora de se despedir, mas a palavra é muito usada como adjetivo em expressões, como, por exemplo:

A farewell dinner — jantar de despedida.
A farewell party — festa de despedida.
A farewell speech — discurso de despedida.
A farewell performance — apresentação de despedida.

A FEATHER IN ONE'S CAP

Motivo de orgulho; troféu

››› *If he gets the contract, it will be a real feather in his cap.*

››› Se ele conseguir o contrato, isso vai ser motivo de muito orgulho.

EM INGLÊS, uma realização pessoal ou qualquer motivo de orgulho e satisfação é chamado de *a feather in one's cap*, ao pé da letra "uma pena no chapéu". A expressão vem do costume dos índios da América do Norte e de alguns povos da Ásia de pôr uma pena no adorno de cabeça para representar cada inimigo morto — o que, antigamente, era motivo de muito orgulho para o guerreiro.

FEE

Pagamento; remuneração; honorários

››› *The best lawyers usually charge very high fees.*

››› Os melhores advogados costumam cobrar honorários muito altos.

Do inglês arcaico *feo*, "gado". Antigamente o gado representava as posses ou bens de uma pessoa. Outra palavra inglesa que tem uma relação parecida — *capital*, "capital" no sentido de patrimônio — vem do latim *capita*, ou cabeça de gado.

FETISH

Fetiche; mania; amuleto; talismã

››› *He has a foot fetish.*

››› Ele tem um fetiche por pés.

A palavra inglesa *fetish* vem do português "feitiço". Os antigos viajantes portugueses, quando chegaram à costa da África e à Guiné, descobriram que os nativos usavam amuletos que eles acreditavam ter poderes mágicos e que eram objetos de devoção. A palavra, em inglês, virou *fetish*. Depois voltou para a língua portuguesa como "fetiche", quando a psicologia moderna a adotou para denominar um interesse sexual por objetos específicos ou partes do corpo, sem ser os órgãos sexuais, que dão gratificação sexual — por exemplo, o pé ou roupas de couro ou borracha.

FINGERS

Os dedos da mão

››› *She has long, thin fingers.*

››› Ela tem dedos compridos e magros.

EM INGLÊS, os nomes para os cinco dedos são:

1. *The thumb*, do inglês arcaico *thuma*, "grosso", "inchado" – o polegar, em português.
2. *The first finger, the forefinger* ou the *index finger*, porque é usado para indicar, como em português, o indicador.
3. O dedo médio é *the middle finger* ou *the long finger*, porque é o mais comprido, portanto o mais apropriado para fazer aquele gesto vulgar, em inglês chamado de *to give someone the finger*.
4. Em inglês, também o dedo anular é o dedo onde se coloca o anel e é chamado de *the ring finger*. É onde se usa um anel porque os antigos acreditavam que um nervo passava desse dedo diretamente para o coração. Usa-se o anel de casamento no dedo da mão esquerda por ficar mais perto do coração do que a mão direita. Os gregos e os romanos chamavam esse dedo de "dedo médico" e o usavam para fazer misturas de remédios. Eles também acreditavam no nervo conectado ao coração e achavam que o dedo "avisaria" imediatamente ao coração no caso de qualquer contato com substâncias nocivas. Há, ainda, uma superstição que diz que se deveria usar somente o dedo anular para passar unguentos no corpo.
5. O dedo mindinho, em inglês, é *the little finger* ou, informalmente, *pinkie* (US), ou *pinky* – do holandês *pink*, "pequeno". Era chamado de *the ear finger*, "o dedo auricular", pelos anglo-saxões, porque era considerado o dedo mais apropriado para se enfiar no ouvido e retirar o cerume.

A propósito, outra superstição antiga diz que, cruzando os dedos, e assim fazendo o sinal da cruz, afasta-se o azar. Portanto, é comum colocar o dedo médio em cima do indicador e falar *(keep your) fingers crossed* quando se está torcendo para que algo dê certo ou para que aconteça o melhor.

FIRE AWAY!

Desembuche!; Fale logo!

››› *"I wonder if I might ask you a question?"*

››› *"Fire away!"*

››› "Será que eu poderia fazer-lhe uma pergunta?"

››› "Desembuche!"

A EXPRESSÃO *Fire away!*, usada para mandar alguém falar logo o que está querendo dizer, perguntar ou pedir, refere-se a uma arma de fogo. A arma está carregada, o cão da espingarda armado, só falta puxar o gatilho e descarregar, *fire*, a arma.

THE FIRST FLOOR

O primeiro andar

››› *I live on the first floor.*

››› Eu moro no primeiro andar.

O QUE é aparentemente simples e óbvio, na prática às vezes fica complicado. Nada parece mais claro que o termo *the first floor*, o primeiro andar. Mas cuidado! No Reino Unido, *the first floor* significa o primeiro pavimento em cima do andar térreo, que é chamado de *the ground floor*. Nos Estados Unidos e em alguns países da Europa, *the first floor* é o andar térreo de um prédio.

FISHY

Suspeito; improvável; duvidoso

››› *His story sounds fishy to me.*

››› Sua história me parece improvável.

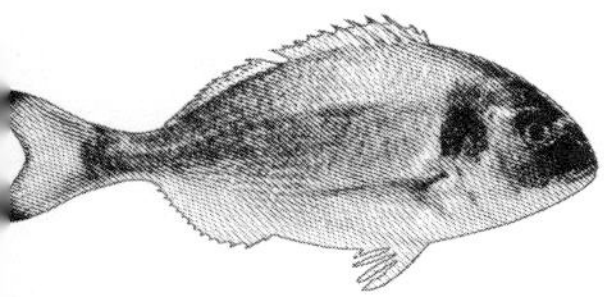

FISHY, DE "peixe", coloquialmente indica algo suspeito. Há duas explicações para isso. Uma pode ser que o peixe é muito escorregadio; a outra se refere à comida que cheira a peixe ou tem gosto de peixe quando não deveria.

FLABBERGASTED

Perplexo; espantado; atônito; pasmo

››› *I'm completely flabbergasted with the news.*

››› Eu estou completamente pasmo com a notícia.

PALAVRA USADA em inglês desde o século XVIII, *flabbergasted* é possivelmente uma combinação das palavras *flabby*, "frouxo", "mole", e *aghast*, "espantado", "horrorizado". O resultado é a imagem de alguém de boca aberta e olhos arregalados, pasmo.

FLAK

Crítica forte

››› *The project is getting a lot of flak.*

››› O projeto está recebendo fortes críticas.

A PALAVRA *flak* vem da Segunda Guerra Mundial e era uma sigla do alemão *Fliegerabwehrkanone*, ou seja, artilharia antiaérea. Da área militar, passou para o uso geral, para significar qualquer crítica forte.

(THERE ARE) NO FLIES ON SOMEONE

A pessoa não é nada boba

››› *There are no flies on him.*

››› Ele não é nada bobo.

EXPRESSÃO PITORESCA, principalmente se *flies* for traduzido como "moscas". Assim fica, ao pé da letra, "não tem nenhuma mosca em alguém". Na verdade, a expressão vem da pesca com linha e anzol. Como isca artificial, usa-se um anzol dissimulado por penas para parecer uma mosca, que os pescadores chamam de *fly*. Esta expressão representa uma pessoa viva, esperta, que não se deixa enganar facilmente, que não pega a isca; portanto, *there are no flies on him/her*.

FLU

Gripe; influenza

››› *She's got the flu.*

››› Ela está gripada.

FLU É a abreviação da palavra *influenza*. Em italiano, *influenza* quer dizer "influência" e era usada metaforicamente para designar o afloramento de qualquer doença. Em 1743, uma epidemia de gripe começou na Itália e foi denominada *influenza di catarro*. A doença se espalhou rapidamente por toda a Europa e, quando chegou à Inglaterra, foi chamada de *influenza* ou, popularmente, *flu*.

FLY-BY-NIGHT

Caloteiro

››› *It's a real fly-by-night company.*

››› É uma empresa bem caloteira.

Fly-by-night, antigamente, era a forma de se acusar uma mulher de ser uma bruxa, voando em sua vassoura à noite. A partir do século XIX, a expressão começou a ser usada para designar qualquer pessoa financeiramente irresponsável, caloteira, ou um negócio que não seja digno de confiança.

FOOT AND MOUTH DISEASE

Febre aftosa

››› *Foot and mouth disease is very serious and dangerous.*

››› A febre aftosa é muito séria e perigosa.

A febre aftosa é uma doença viral, altamente infecciosa, que afeta gado, carneiros, bodes, porcos e outros animais que têm os cascos fendidos. Em inglês, é chamada de *foot and mouth disease*, porque se formam bolhas na fenda dos cascos e na boca do animal. Não existe cura para os animais infectados, mas há vacinas para se controlar epidemias.

FOOTLOOSE AND FANCY-FREE

Completamente livre

››› *My friends are all married, but I'm still footloose and fancy-free.*

››› Meus amigos são todos casados, mas eu ainda estou completamente livre.

Footloose é um termo de origem náutica e se refere a uma vela com os cabos na base, *foot*, deixados frouxos, *loose*. Assim, a vela fica sacudindo livremente ao vento. No sentido figurado, uma pessoa que está *footloose* está totalmente livre e desimpedida, porque não tem nenhum relacionamento fixo com alguém. *Footloose and fancy-free* enfatiza que a pessoa está livre de relacionamentos e que pode viajar para onde quiser ou se comportar como bem quiser.

TO FOOT THE BILL

Pagar a conta

››› *His parents footed the bill for his university course.*

››› Seus pais bancaram a conta de seu curso na universidade.

A REFERÊNCIA nesta expressão é a margem inferior de uma página, que se chama *foot* em inglês. Antigamente, quem assinava seu nome na margem inferior de uma conta estava garantindo o pagamento. A palavra *foot*, que é um substantivo, tornou-se um verbo regular, *to foot*, significando assumir o pagamento de qualquer coisa. Por exemplo: *The company foots all my expenses.*/A empresa paga todas as minhas contas.

FOR PETE'S SAKE!

Pelo amor de Deus!

››› *Oh, for Pete's sake, stop it!*

››› Ah, pelo amor de Deus, pare com isso!

EM INGLÊS, existem várias opções para a tradução da exclamação em português "pelo amor de Deus". Quando se está aborrecido, irritado, zangado ou impaciente, em inglês, pode-se usar *for God's sake* ou *for Christ's sake*, mas são duas expressões que podem ofender algumas pessoas. Nesse caso, usa-se *for goodness sake* ou *for heaven's sake*. Outro eufemismo para *for Christ's sake* é a expressão *for crying out loud*. A expressão mais neutra de todas, que não corre nenhum risco de ofender, é *for Pete's sake*. Ninguém sabe ao certo quem é Pete, mas pode ser um juramento em nome de *St. Peter*, São Pedro, ou uma corruptela da expressão *for pity's sake*, "por piedade".

FORTNIGHT [UK]

Quinzena; duas semanas

››› *I go there once a fortnight.*

››› Eu vou lá a cada quinze dias.

Os povos germânicos antigos registravam o passar do tempo em unidades de noites, *nights*, e não em termos de dias. Consequentemente, em inglês, um período de duas semanas era chamado de "quatorze noites", ou *fourteen nights*. Mais tarde, foi encurtado para *fortnight*, que se usa até hoje para significar duas semanas ou uma quinzena.

FORTUNE COOKIE

Biscoito da sorte

››› *I read this message in a fortune cookie from the Chinese take away.*

››› Eu li essa mensagem num biscoito da sorte da comida chinesa para viagem.

Nos restaurantes chineses, principalmente nos Estados Unidos, costuma-se oferecer um pequeno biscoito duro com um pedacinho de papel dentro, no qual está escrita alguma mensagem sobre seu futuro, seu destino ou sua sorte, *fortune*. No século XIX, em San Francisco, os chineses produziram os primeiros

biscoitos com mensagens, em China Town, mas a ideia é bem mais antiga. Na China, durante a dinastia Ming (1368-1644), os rebeldes inventaram o truque de esconder mensagens secretas dentro de bolinhos e, assim, eles conseguiam distribuir todos os recados, porque ninguém jamais desconfiou do bolinho inocente.

FREELANCE

Trabalhador autônomo

››› *He's a freelance photographer.*

››› Ele é um fotógrafo autônomo.

FREELANCE SE refere a um trabalhador autônomo, independente, principalmente escritor, músico, jornalista, artista etc., que não está empregado permanentemente em nenhuma empresa específica, mas é contratado para fazer diferentes serviços para várias empresas.

A origem da palavra vem dos tempos medievais, quando um cavaleiro mercenário tinha sua lança livre, *free lance*, ou seja, era livre para oferecer seus serviços para qualquer pessoa disposta a pagar por eles.

FRENCH

Francês

››› *The French produce excellent wines.*

››› Os franceses produzem vinhos excelentes.

DESDE 1066, quando a Inglaterra foi invadida pelo normando Guilherme, o Conquistador, o relacionamento entre ingleses e franceses tem sido marcado por guerras, rivalidades e disputas. Uma das manias prediletas tanto de ingleses quanto de franceses é falar mal uns dos outros. Os ingleses chamam os franceses pelo apelido *frog*, "rã", em referência à rã servida como iguaria na culinária da França. Os franceses usam o adjetivo *anglais*, "inglês", para toda comida ruim. Também reclamam que as mulheres inglesas são frígidas. Os ingleses retrucam que são os franceses que exageram na libido. Para os ingleses, um ardente beijo com a boca aberta e toque de línguas é um *French kiss*, "beijo francês". Na Inglaterra, faltar ao trabalho sem permissão ou sem motivo justo é *French leave*, "licença francesa". Na França, o equivalente usado para designar o hábito de ir embora sem se despedir é "ir embora do jeito dos ingleses", *s'en aller à l'anglaise*, em português, "sair à francesa".

Os americanos, que não têm nada a ver com essa troca de farpas entre ingleses e franceses, adotaram o adjetivo *French* no vocabulário da cozinha, sem nenhuma conotação negativa. *French dressing*, "molho francês", é um tempero de salada cor-de-rosa, com tomates e creme. Com o mesmo nome, o molho britânico é à base de vinagre e azeite de oliva. Os americanos também aplicam o adjetivo *French* às batatas fritas, *French fries*, enquanto em inglês britânico elas são chamadas de *chips*.

A influência da língua inglesa na França é motivo de irritação para o governo francês, e a Academia Francesa trava guerra, embora sem sucesso, contra o uso de expressões inglesas no país. Enquanto isso, os britânicos, com uma boa dose de sarcasmo, mostraram recentemente uma atitude tipicamente britânica em relação ao resto da Europa. Num dia em que o mau tempo impediu a navegação no Canal da Mancha, um jornal inglês publicou em manchete: "Neblina no Canal. Continente isolado".

A FROG IN ONE'S THROAT

Rouco

››› *I have a frog in my throat.*

››› Estou rouco.

Quando a garganta está irritada ou seca e a voz fica rouca, em inglês diz-se que se tem *a frog in one's throat*, ao pé da letra "uma rã na garganta". Esta expressão esquisita vem dos tempos medievais, quando se acreditava que, ao se beber água com ovos de rã, o anfíbio ia crescer dentro do corpo. A dificuldade para falar ou a rouquidão, então, era causada pela rã tentando escapar do estômago pela boca.

FUCK

Ato sexual; trepada

››› *Fuck is a taboo slang word considered very offensive.*

››› *Fuck* é uma gíria tabu, considerada muito ofensiva.

Existem muitas histórias mirabolantes sem comprovação sobre a origem desta palavra, mas não há dúvida de que ela tem origem germânica, no século XVI, vinda da palavra *ficken/fucken*, "bater" ou "penetrar". Como palavra impressa, foi proibida durante muitos séculos. Vários escritores tentaram restabelecer a palavra *fuck* na literatura, mas foi apenas em 1960 que uma editora ganhou o processo no tribunal de justiça, permitindo o uso legal da palavra na publicação do livro *Lady Chatterley's Lover* (*O amante de lady Chatterley*), escrito pelo autor inglês D. H. Lawrence em 1928.

Apesar da proliferação e do uso amplo em todas as camadas da sociedade, *fuck* continua sendo uma das palavras mais proibidas da língua inglesa e, mesmo hoje em dia, aparece disfarçada em material impresso como *f****, *f—k* ou *the F-word*.

Apesar de ser considerada ofensiva e vulgar, a palavra *fuck* é extremamente comum no inglês do dia a dia. Seguem alguns exemplos de como ela é usada:

Fuck! — Droga!
Fuck off! — Cai fora!
Fuck you! — Foda-se!
Fuck all! — Porra nenhuma.
Fucked — Fodido.
A fuck up — Uma bagunça, fracasso, erro grave.
I don't give a fuck — Eu não ligo a mínima.
Don't fuck with me — Não mexa comigo.
What the fuck do you want? — Que porra você está querendo?
I hate this fucking job — Eu odeio este maldito emprego.
It was a fucking good film — Foi um puta filme.
This is fanfuckingtastic! — Isso é bom pra cacete!

G

GADGET

Engenhoca

››› *I have lots of gadgets in my kitchen.*

››› Eu tenho muitas engenhocas na minha cozinha.

A PALAVRA *gadget* vem do francês *gâchette*, pequena fechadura mecânica de uso náutico, do século XIX. Hoje, *gadget* significa qualquer dispositivo ou equipamento, mecânico ou eletrônico, em geral pequeno e moderno, ou qualquer coisa prática ou engenhosa.

GALORE

Em abundância; muito

››› *There were prizes galore for everybody.*

››› Havia muitos prêmios para todo mundo.

DO IRLANDÊS do século XVII, *go leór*, "o suficiente", "o bastante". Mais tarde, a palavra adquiriu o sentido de "mais que suficiente", "em abundância". Uma curiosidade é que, ao contrário da prática de colocar a maioria dos adjetivos antes do substantivo em inglês, a palavra *galore* é sempre usada depois. Por exemplo: *delicious food*, "comida deliciosa", mas *food galore*, "muita comida".

GARAGE

Garagem; oficina de automóveis; posto de gasolina

››› *I left my car in the garage.*

››› Eu deixei meu carro na garagem.

A PALAVRA *garage* vem do francês *garer*, "abrigar", e, originalmente, era um lugar para proteger barcos. Com a chegada do automóvel, no início do século XX, os franceses começaram a usar a palavra para designar o lugar para guardar o carro, e logo os ingleses adotaram a mesma palavra. *Garage* significa também "oficina de automóveis" e "posto de gasolina".

Garage sale (US) é uma liquidação de artigos domésticos usados, muito popular nos Estados Unidos, quando as pessoas colocam coisas na garagem de casa, como móveis, roupas, livros, brinquedos etc., que não querem mais e tentam vender. Esse tipo de liquidação é também chamado de *yard sale* (US), porque as coisas são colocadas à venda no *yard*, "quintal" da casa.

GARGANTUAN

Gigantesco; enorme; imenso

››› *Many states in the country have gargantuan debts.*

››› Muitos estados no país têm dívidas gigantescas.

GARGANTUA É o nome de um gigante devorador nas lendas medievais, de origem celta, que era famoso por seu apetite insaciável. Ficou muito conhecido quando o francês Rabelais (1483-1553) usou o nome do gigante como título de sua sátira, escrita em 1534. Hoje a palavra *gargantuan* é usada como adjetivo para significar "enorme", "imenso", no sentido geral.

GAS

Gás; gasolina

››› *He couldn't pay the gas bill.*

››› Ele não conseguiu pagar a conta de gás.

A PALAVRA *gas*, do grego *khaos*, "caos", foi inventada por Jan Baptista van Helmont (1577-1644), físico e químico de Flandres. Em inglês americano, *gas* também é gasolina, abreviação da palavra inglesa *gasoline* (US). Em inglês britânico, gasolina é *petrol* (UK).

A mesma diferença continua em expressões relacionadas. Por exemplo: *the gas station* (US) e *the petrol station* (UK) para "posto de gasolina" ou *the gas tank* (US) e *the petrol tank* (UK) para "tanque de gasolina".

Gas, em inglês, é também o gás produzido dentro do corpo humano, que os britânicos também chamam de *wind* (UK), "vento". *To pass gas* (US) ou *to pass wind* (UK) significa "soltar esses gases".

Há outra expressão com a palavra *gas* usada por todos os falantes nativos do inglês: *someone or something is a gas*, que significa que alguém ou algo é muito engraçado. Por exemplo: *This film is a real gas.*/Esse filme é muito engraçado. A expressão vem de óxido nitroso, ou gás hilariante, muito usado como anestésico a partir do século XVII pelos dentistas e pelos médicos em cirurgias de pequeno porte.

GATECRASHER

Penetra

››› *There were lots of gatecrashers at the party.*

››› Havia muitos penetras na festa.

GATECRASHER É uma gíria inglesa para designar alguém que entra em uma festa ou evento sem ser convidado ou sem ingresso. A própria tradução explica a origem. *Gate* é "porta" ou "portão", e *crash* significa "quebrar", "esmagar", "despedaçar". Usa-se também o verbo *to gatecrash* ou, simplesmente, *to crash* para significar "penetrar em festas sem convite".

GEE! [US]

Puxa! Nossa!

››› *Gee! That was great!*

››› Puxa! Isso foi legal!

A EXCLAMAÇÃO *Gee!*, usada em inglês para indicar surpresa ou admiração, é um eufemismo para "Jesus!". Também usa-se *Geez!* (US), que pode ser escrito como *Jeez!* (US), para demonstrar surpresa ou raiva.

TO GET OUT OF BED ON THE WRONG SIDE

Acordar com o pé esquerdo

››› *You got out of bed on the wrong side this morning!*

››› Você acordou com o pé esquerdo esta manhã!

NA EXPRESSÃO *to get out of bed on the wrong side*, ao pé da letra "sair da cama do lado errado", o lado "errado" da cama é o lado esquerdo. Essa metáfora é usada para se referir a alguém que está de mau humor, sem motivo óbvio, a partir do momento em que se levanta, e para quem tudo dá errado durante o dia inteiro.

Uma antiga superstição explica a metáfora. Dizia-se que dá azar sair da cama do lado esquerdo, ou tocar o chão primeiro com o pé esquerdo, porque o lado esquerdo, associado com o Oeste e o pôr do sol, simbolizava a morte.

TO GINGER UP [UK]

Animar; tornar mais interessante; turbinar

››› *They've gingered up the cover with a new illustration.*

››› Eles turbinaram a capa com uma nova ilustração.

EM INGLÊS, a palavra *ginger*, "gengibre" em português, é usada como verbo em *to ginger up*, significando "deixar qualquer coisa mais interessante", "excitante" ou, em se tratando de pessoas, "estimular" ou "animar". A origem desse verbo vem de uma prática antiga e cruel, mas aparentemente muito eficiente, usada para fazer um cavalo preguiçoso pular: costumava-se colocar um pedaço de gengibre no ânus do cavalo. Coitado!

GLITCH

Problema; dificuldade; empecilho

››› *We had a few glitches at first, but now everything's fine.*

››› Nós tivemos alguns problemas no início, mas agora está tudo ótimo.

GLITCH É uma palavra em iídiche – do alemão *glitschen*, "deslizar", "escorregar" – que entrou na linguagem da informática para designar um mau funcionamento. Passou para o uso geral para significar qualquer tipo de pequeno problema inesperado que impede o sucesso ou o bom funcionamento de qualquer coisa.

GOATEE

Cavanhaque

››› *Goatee beards are very much in fashion these days.*

››› Cavanhaques estão muito na moda hoje em dia.

O NOME do estilo de barba cavanhaque, em inglês *goatee*, tem sua origem na palavra *goat*, "bode", porque o animal tem uma barba semelhante. *Goatee* quer dizer "pequeno bode".

GOLDEN GOOSE

A galinha dos ovos de ouro

››› *They are destroying the golden goose of tourism.*

››› Eles estão destruindo a galinha dos ovos de ouro do turismo.

NA ANTIGA fábula de Esopo, a galinha dos ovos de ouro, em inglês *the golden goose*, "gansa de ouro", botava um ovo de ouro todos os dias. Assim, no sentido figurado, a expressão *the golden goose* é usada para designar algo que dá muito dinheiro e que vai continuar deixando alguém muito rico ou bem-sucedido durante um bom tempo.

Na história, o dono da galinha, ganancioso, quer todo o ouro de uma só vez, e mata a galinha. Então, a expressão metafórica *to kill the goose that lays the golden eggs*, "matar a galinha dos ovos de ouro", é usada para significar a destruição de uma fonte confiável de riqueza para ganhos ou satisfação imediata.

GOOSE BUMPS

Pele arrepiada

››› *I've got goose bumps all over.*

››› Estou todo arrepiado.

QUANDO ALGUÉM sente um arrepio, principalmente nos braços e nas pernas, por causa de frio, medo ou excitação, a pele fica parecendo a pele de um ganso, *goose*, depenado, com pequenos inchaços, *bumps*. Por isso, pele arrepiada, em inglês, é *goose bumps, goose pimples* (UK) ou *goose flesh* (UK).

NO GREAT SHAKES

Nada de extraordinário

››› *She's no great shakes at singing.*

››› Ela não é lá grande coisa quando canta.

Em inglês, não ser muito hábil e nada impressionante em relação a qualquer atividade é *to be no great shakes.* A expressão vem do jogo de dados. Quem não faz "boas sacudidas", *great shakes,* com os dados antes de jogar não sai ganhando nada no jogo.

GRIST TO THE MILL

Útil; proveitoso

››› *I'm going to learn another language. It'll all be grist to the mill for when I'm looking for a job.*

››› Eu vou aprender outra língua. Será útil quando eu for procurar um emprego.

Grist é a quantidade de grãos a ser moída de cada vez. No sentido figurado, qualquer conhecimento extra ou experiência nova que possa ser útil e usada para ajudar a conseguir um objetivo no futuro é *grist to the mill,* ao pé da letra "grão para o moinho".

GROUND ZERO

Ponto de partida; base; centro de mudanças rápidas ou violentas

››› *California is still ground zero for the computer industry.*

››› A Califórnia ainda é a base para a indústria de computadores.

GROUND ZERO é um termo militar que indica o ponto de impacto de uma bomba atômica ou o campo exatamente abaixo ou acima do núcleo de irradiação atômica.

A expressão passou da área militar ao uso geral para significar o ponto de partida para alguma atividade ou o lugar no centro de mudanças rápidas ou violentas. Ficou muito conhecido como o termo usado para designar o local do ataque terrorista e a destruição do World Trade Center, em Nova York, no dia 11 de setembro de 2001.

GUINEA PIG

Cobaia

››› *The students were used as guinea pigs by the teachers.*

››› Os alunos foram usados como cobaias pelos professores.

ANIMAL MUITO usado em experiências científicas e médicas em laboratórios, o porquinho-da-índia, em inglês, chama-se *guinea pig*. Só que ele não é um *pig*, "porco", e nem vem de *Guinea*, "Guiné". O *guinea pig* é um pequeno roedor domesticado, da família da capivara, que em tempos passados era criado para o abate na América do Sul. A confusão com o nome pode ter origem no fato de que, antigamente, qualquer país muito distante era chamado de *Guinea* pelos ingleses. O *guinea pig* não existe mais como animal selvagem, mas é comumente mantido como bicho de estimação ou usado em experiências em laboratório — o que originou o sentido figurado de cobaia em relação a uma pessoa usada em qualquer tipo de experiência.

GYPSY

Cigano

››› *Gypsies usually live in caravans.*

››› Os ciganos costumam morar em reboques tipo casa.

POVO NÔMADE, os ciganos são de origem indiana. Da Índia migraram para a Pérsia, chegando à Europa no século XV. Quando eles chegaram à Inglaterra, no século XVI, os ingleses, acreditando que eram do Egito, chamaram-nos de *Egyptians*, "egípcios", que virou *Gyptians* e, depois, a palavra atual, *Gypsy*. Muitas pessoas consideram a palavra *Gypsy* ofensiva e preferem usar a palavra *Romany* para se referir a esse povo nômade.

Usa-se a palavra *gypsy*, no sentido figurado, para significar uma pessoa que não gosta de morar no mesmo lugar durante muito tempo, e prefere se mudar bastante, como os ciganos nômades.

H

HAGGIS

Haggis

››› *Haggis is a traditional Scottish dish.*

››› *Haggis* é um prato escocês tradicional.

Haggis é um prato escocês feito de coração, pulmão, fígado e miúdos de carneiro ou bezerro, picados e misturados com a gordura dos rins do animal, farinha de aveia, cebola, condimentos e temperos. Tudo isso é colocado dentro de um tipo de bolsa feita com o estômago, parecendo uma linguiça grande e, depois, é cozido na água. É muito popular na festa escocesa tradicional *Burns Night*, na noite de 25 de janeiro, quando é comemorado o aniversário do poeta escocês Robert Burns (1759-1796). O nome *haggis* vem da palavra *hack*, que significa "cortar", "picar", referindo-se aos miúdos picados do prato.

A propósito, essa mesma palavra, *hack*, deu origem à palavra *hacker*, de computadores, significando uma pessoa que tenta "cortar" a conexão para ganhar acesso a sistemas privados.

THE HAIR OF THE DOG

Bebida alcoólica tomada quando alguém está de ressaca

››› *Hangover? How about the hair of the dog?*

››› Ressaca? Que tal uma bebida?

A FRASE completa desta expressão esquisita é *the hair of the dog that bit you* e se refere à ideia de que a melhor cura para qualquer enfermidade é justamente aquilo que a causou. Os antigos acreditavam que, quando alguém era mordido por um cão, o antídoto era colocar um pelo queimado do próprio animal no local para evitar qualquer possibilidade de infecção. Por extensão, no caso de alguém estar sofrendo de ressaca por causa de excesso de bebida alcoólica, a melhor cura é mais bebida, de preferência de manhã, na hora de acordar. Fala-se essa expressão para o "doente" de modo humorístico, fazendo graça, mas também tem gente que acredita piamente nessa antiga cura milagrosa.

HALF-BAKED

Mal planejado; incompleto; insensato; bobo

››› *That's just another one of his half-baked ideas.*

››› Essa é simplesmente mais uma de suas ideias bobas.

HALF-BAKED É uma metáfora que vem da padaria. Ao pé da letra, significa "meio assado" e se refere ao pão que, se for mal-assado, não dá para comer. Da mesma forma, qualquer ideia ou plano "cru", mal-acabado ou incompleto, que não é prático e não dá para engolir, é *half-baked*.

HALLOWEEN

Dia das bruxas

››› *To celebrate Halloween people dress up as witches, ghosts etc.*

››› Para comemorar o Dia das Bruxas, as pessoas se vestem com fantasias de bruxas, fantasmas etc.

O Dia das Bruxas, dia 31 de outubro, véspera do Dia de Todos os Santos, é chamado de *Halloween* em inglês. O nome vem das palavras *All Hallows-Eve*, "Noite de Todos os Santos", que passou a *Hallow-Ev*e e, finalmente, *Halloween*. O *Halloween* é uma das datas comemorativas mais antigas, cujas origens remontam ao século V a.C. Segundo o antigo calendário celta, o dia 31 de outubro era o último dia do ano e a noite em que todos os feiticeiros e bruxas ficavam fora de casa, soltos. Hoje em dia é motivo para muitas festas com fantasias horripilantes, esqueletos, caveiras, caixões etc. Principalmente nos Estados Unidos, as crianças costumam colocar fantasias e passar de casa em casa pedindo doces. Essa brincadeira tradicional chama-se *Trick or Treat*.

TO HAUL SOMEONE OVER THE COALS [UK]

Reprovar; repreender alguém severamente

››› *If he doesn't stop, we'll have to haul him over the coals.*

››› Se ele não parar, nós vamos ter de repreendê-lo severamente.

Antigamente, uma tortura comum para repreender alguém severamente consistia em lentamente arrastar, *haul*, o corpo da pessoa sobre brasas, *coals*. Hoje em dia, a expressão *to haul over the coals* é usada somente no sentido figurado, e a censura normalmente é verbal, já que esse tipo de tortura não existe mais. Em inglês americano usa-se a expressão *to rake someone over the coals* (US).

HAVOC

Destruição; devastação; caos

››› *The hurricane in Mexico is causing complete havoc.*

››› O furacão no México está causando devastação total.

Do francês arcaico *havot*, "pilhagem", "saque", a palavra tem origem militar. Gritar "*havoc*" era o sinal para atacar, massacrar e saquear sem piedade. Da área militar, passou ao uso geral para significar destruição e caos em qualquer contexto. A expressão to *play havoc with* é usada para significar criar muitos problemas, desorganizar. Por exemplo: *The strike by pilots played havoc with the airline schedules.*/A greve dos pilotos causou muitos problemas nos horários das companhias aéreas.

HAY FEVER

Febre do feno

››› *She suffers from hay fever.*

››› Ela sofre de febre do feno.

Hay fever, que em português é, numa tradução ao pé da letra, "febre do feno", é um tipo de alergia muito comum. É uma reação alérgica ao pólen e à poeira, com sintomas parecidos com os do resfriado comum ou da gripe. Antigamente, acreditava-se, incorretamente, que a alergia era causada pelo feno. Também nunca provocou febre. Portanto, é um termo completamente errôneo, mas que se fixou tanto na língua inglesa quanto na língua portuguesa.

TO HEADHUNT

Procurar e recrutar executivos para uma empresa

››› *He was headhunted by a major international company.*

››› Ele foi procurado para recrutamento por uma grande empresa internacional.

ANTIGAMENTE *HEADHUNTING* era a prática de algumas tribos selvagens de decepar a cabeça de seus inimigos e levá-la como troféu. No sentido figurado moderno, significa descobrir talentos e recrutar executivos, normalmente por meio dos serviços de uma agência. O recrutador é chamado de *headhunter* e, muitas vezes, ele tenta convencer o executivo a deixar a empresa onde trabalha para ir para outra.

HILLBILLY [US]

Caipira; bicho do mato

››› *Hillbilly is an offensive word for someone who lives in the countryside.*

››› *Hillbilly* é uma palavra ofensiva para alguém que mora no campo.

HILLBILLY É um termo americano pejorativo e ofensivo do século XX para designar uma pessoa rústica, sem instrução e sem sofisticação. Originalmente, a palavra se referia às pessoas das montanhas, *hill*, nas regiões distantes dos montes Apalaches no Sudeste dos Estados Unidos — *Appalachians*, em inglês. *Billy* é um apelido para William.

TO HIT THE GROUND RUNNING

Ter entusiasmo e sucesso desde o início de qualquer atividade

››› *He hit the ground running with his new company.*

››› Ele teve muito sucesso desde o início com sua nova empresa.

ESTA EXPRESSÃO nova, do século XX, vem da linguagem militar. A metáfora é sobre um soldado que pula de uma barcaça de desembarque militar ou de um helicóptero, ou que chega à terra de paraquedas. Quando ele atinge o chão, *hit the ground*, costuma sair correndo, *running*, pronto para ação. A expressão passou da área militar ao uso geral para significar ter sucesso logo no início de qualquer atividade e continuar numa velocidade acelerada, com energia e entusiasmo.

TO HIT THE HAY

Ir dormir

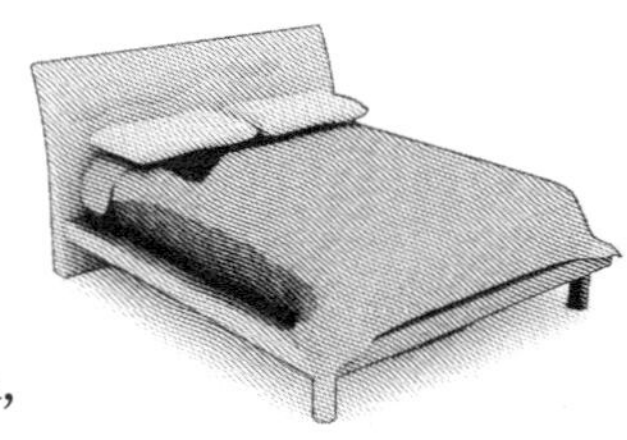

››› *I'm going to hit the hay.*

››› Eu vou dormir.

NO PASSADO, na hora de ir para a cama, um viajante muitas vezes deitava-se no feno, *hay*, no celeiro. Até hoje, no sentido figurado, usa-se a expressão informal *to hit the hay* para significar "ir dormir". Fala-se também *to hit the sack*.

HOBSON'S CHOICE

Falta de alternativa

››› *I'm afraid it's Hobson's choice.*

››› Sinto muito, mas não há alternativa.

HOBSON'S CHOICE é usado quando a única escolha é entre o que está sendo oferecido e nada, ou seja, não há escolha nenhuma! A expressão vem do nome de Thomas Hobson (1544-1631), um homem de Cambridge, na Inglaterra, que cuidava de estábulos e alugava cavalos. Ele ficou famoso porque só deixava o freguês "escolher" dentre duas opções: ou o cavalo mais perto da porta ou nenhum outro cavalo.

TO HOLD THE FORT

Cuidar de algo na ausência temporária da pessoa responsável

››› *Can you hold the fort for me for a couple of hours?*

››› Você pode cuidar das coisas para mim durante algumas horas?

AS PALAVRAS *hold the fort* se tornaram célebres como ordem do general Sherman durante a Guerra Civil Americana (1861-1865). Foi assim que, num telegrama, ele mandou o general Corse aguentar firme sua posição na fortificação, *fort*, em Allatoona, em 1864. Usa-se a expressão hoje para significar cuidar das coisas para alguém enquanto a outra pessoa está ocupada ou em outro lugar.

HOOCH [US]

Bebida alcoólica forte

››› *Do you have any hooch?*

››› Você tem alguma bebida forte?

HOOCH É uma gíria americana para uísque ou qualquer bebida alcoólica forte, de qualidade inferior e, muitas vezes, ilícita. A palavra *hooch* é uma abreviação de *hoochinoo*, nome de uma tribo indígena no Alasca que clandestinamente fabricava bebida alcoólica em alambiques no século XIX.

HOOKER

Prostituta

- »» *There are lots of hookers at the ports.*
- »» Há muitas prostitutas nos portos.

No século XIX, *hooker* era o nome de um pequeno barco de pesca que fazia intercâmbio de mercadorias entre os portos ingleses e o cabo da costa sudoeste da Holanda, chamado de *The Hook of Holland*. As prostitutas costumavam ficar esperando a chegada desses barcos para seduzir os marinheiros e, por extensão, elas ficaram conhecidas como *hookers*. *Hook* é "gancho", "anzol". Portanto, a palavra *hooker*, significando informalmente "prostituta", pode ter sua origem também no jeito em que a mulher "fisga" ou "engancha" o cliente.

HOOLIGAN

Desordeiro; vândalo; arruaceiro

- »» *They're just a band of hooligans.*
- »» São apenas um bando de vândalos.

A palavra *hooligan* tem sua origem no sobrenome inventado *Hooligan*, que designava uma família arruaceira irlandesa fictícia, cujo nome era usado na letra de uma música cantada no teatro de variedades por volta de 1890. Hoje usa-se *hooligan* para qualquer pessoa barulhenta e violenta em lugares públicos, que normalmente anda com um grupo. O termo *football hooligans* se refere especificamente aos torcedores de futebol desordeiros e violentos, que ficaram famosos, principalmente na Inglaterra, por sua conduta vergonhosa e típica de vândalos, chamada de *hooliganism*, em inglês.

HUNKY-DORY

Satisfatório; agradável; ótimo

››› *Everything's just hunky-dory.*

››› Está tudo ótimo.

Hunky-dory é uma expressão de origem americana do século XIX. *Hunky* vem do holandês *honk*, que significava a "base" ou a "casa" em jogos infantis do tipo pega-pega. Quando a criança está "em casa", está segura e numa situação boa. Virou *hunky-dory* para significar qualquer situação excelente, sem problemas, portanto muito agradável.

I

ILK

Família; classe; espécie

››› *Writers of that ilk always get international recognition.*

››› Escritores da mesma estirpe sempre recebem reconhecimento internacional.

Do inglês arcaico *ilca*, "o mesmo", a palavra *ilk* vem da mesma origem que as palavras *like* e *alike* no inglês moderno. Antigamente, *ilk* era usada em escocês apenas para designar algo da mesma família, do mesmo nome ou do mesmo local. Por engano, passou a ser usada incorretamente para significar pessoas ou coisas do mesmo tipo, da mesma espécie. A palavra é mais usada nas expressões fixas, *of that ilk, of their ilk*. Por exemplo: *Suggestions of that ilk are most welcome.*/Sugestões desse tipo são muito bem-vindas. *People of his ilk seem to be so competent.*/As pessoas do seu tipo parecem ser tão competentes.

IOTA

Quantidade muito pequena

››› *It doesn't make an iota of difference.*

››› Não faz nem um pouquinho de diferença.

Iota é a nona letra do alfabeto grego. Como é a menor letra, passou a significar uma quantidade ínfima. Costuma ser usada no negativo — *not an iota*. Uma palavra sinônima de mesma origem, mas um pouco antiquada, é *jot*.

IOU

Título de dívida; vale

»» *I have an IOU for US$50.*

»» Eu tenho um vale de US$50.

USADAS DESDE o século XVIII, as letras IOU representam foneticamente as palavras *I owe you*, "Eu devo a você". Um IOU é um documento assinado por quem pede um empréstimo e é dado a quem empresta como reconhecimento da dívida.

-ISH

Um sufixo que significa "um tanto", "aproximadamente", "mais ou menos"

»» *Let's have dinner around sevenish.*

»» Vamos jantar por volta das sete, mais ou menos.

DO INGLÊS arcaico e de origem germânica, *-isch*, também do grego *iskós*, era um sufixo usado para formar diminutivos. Hoje em dia é muito comum acrescentar o sufixo *-ish* nas palavras, principalmente nos adjetivos e nos números, para significar "um tanto", "mais ou menos". Alguns exemplos:

Coldish — um tanto frio.
Greenish — esverdeado.
Oldish — envelhecido.
Fortyish — aproximadamente quarenta.
Sixish — aproximadamente seis.

ITCH

Coçar; coceira

››› *My leg is itching.*

››› Minha perna está coçando.

De origem germânica, a palavra *itch*, "coçar", é usada em várias expressões no sentido figurado. Durante séculos, acreditava-se que a coceira em várias partes do corpo indicava algum tipo de desejo ardente.

To be itching to do something, quer dizer "estar ansioso", "impaciente" para fazer algo. Por exemplo: *I'm itching to learn to drive.*/Estou louco para aprender a dirigir.

To have/get the itch to do something é "ter vontade" ou "desejo" de fazer algo. Por exemplo: *I sometimes get the itch to just quit.*/Às vezes eu fico com vontade de simplesmente largar tudo.

To get/have itchy feet significa "ter um desejo forte de viajar" ou de "se mudar muito". Por exemplo: *After two years in the company he began to get itchy feet.*/Após dois anos na empresa, ele começou a ter um forte desejo de sair do emprego.

The seven year itch se refere à sensação de tédio de alguém casado há sete anos com a mesma pessoa e o desejo de ter relações sexuais com uma outra pessoa. Por exemplo: *I think John's got the seven year itch.*/Eu acho que o John está na crise dos sete anos.

Esta última expressão parece ter sido inventada pelo dramaturgo americano George Axelrod na sua peça *The Seven Year Itch* (1952), que ficou muito popular com a versão feita para o cinema, em filme do mesmo nome, estrelado por Marilyn Monroe, em 1955.

IVY LEAGUE [US]

Associação de universidades americanas

››› *Many important American leaders studied at an Ivy League college.*

››› Muitos líderes americanos importantes estudaram em uma universidade da Ivy League.

Ivy League se refere às oito universidades americanas de elevada posição acadêmica e prestígio social altíssimo. Nesse sentido, são parecidas com as universidades de Oxford e Cambridge, na Inglaterra. Todas essas universidades ficam no Nordeste dos Estados Unidos. Com as respectivas datas de fundação, são:

Harvard	1636
Yale	1701
Pensilvânia	1740
Princeton	1746
Colúmbia	1754
Brown	1764
Dartmouth	1769
Cornell	1853

A expressão *Ivy League* vem do fato de que os muros dos prédios de algumas dessas universidades estão cobertos de hera, *ivy*.

J

JACK

Jack

››› *Jack is a nickname for the name John.*

››› Jack é um apelido do nome John.

CERTAMENTE, EM inglês, nenhum outro nome de pessoa deu origem a tantas palavras e expressões quanto o nome *Jack*. Das dezenas de significados, aqui estão apenas alguns dos principais.

Jack, originalmente um apelido para *John*, também designava genericamente o homem comum, o homem do povo, e são vários os usos da palavra nesse sentido. Por exemplo, quem não se lembra de *Jack the Ripper* (Jack, o Estripador), nome dado ao assassino, desconhecido até hoje, que em 1888 matou pelo menos cinco prostitutas em Londres e, depois, mutilou, "rasgou", *ripped*, os corpos das vítimas?

Com o sentido de moço jovem, *Jack* virou o nome do valete nas cartas de baralho. No jogo de pôquer, só se pode abrir a parada de apostas acumuladas com o par de valetes, que deu origem à palavra *jackpot*, significando o prêmio acumulado em qualquer jogo ou o prêmio mais alto em qualquer contexto. Quando alguém ganha o maior prêmio, em inglês, é *to hit the jackpot*, que é usado no sentido figurado também para significar "ter muito sucesso".

A *jack-of-all-trades* é "pau para toda obra" em português e há também um ditado *jack-of-all-trades and master of none,* que é falado sobre uma pessoa que faz muitas coisas mas não domina nada a fundo.

O nome *Jack* é também usado para vários aparelhos que poupam trabalho e eliminam a necessidade de ajuda, como *jack,* macaco do carro, *jackhammer* (US), britadeira, ou *jackknife,* canivete grande. Será que foi nesse sentido, como se alguém tivesse um assistente, que surgiu a expressão informal *to jack off,* significando "masturbar-se"?

Jack também indica o macho de várias espécies. *Jackass* é o macho da burra — *ass* —, e também indica uma pessoa imbecil. Foi a palavra inglesa *jackass* que deu origem à palavra "jegue", em português.

A bandeira nacional do Reino Unido é chamada de *Union Jack* e consiste em três cruzes unidas: a cruz de *St. George,* para a Inglaterra, a de *St. Andrew,* para a Escócia, e a de *St. Patrick,* para a Irlanda.

Finalmente, *Jack-in-the-box* é o famoso brinquedo em forma de caixa, *box,* com um pequeno homem, *Jack,* dentro, sentado em uma mola. Quando a tampa da caixa é levantada, o homem pula da caixa. Ou seja, *Jack-in-the-box* é uma caixa de surpresas.

JACUZZI

Banheira de hidromassagem

››› *I love to relax in my jacuzzi.*

››› Eu adoro relaxar na minha banheira de hidromassagem.

O NOME da marca registrada das banheiras de hidromassagem vem do nome do seu inventor, um americano nascido na Itália, Candido Jacuzzi (1903-1986). Em 1960, ele inventou uma banheira com um sistema de jatos abaixo da água para massagear o corpo, a fim de ajudar a aliviar as dores do filho menor, que sofria de artrite reumatoide.

JAYWALKER [US]

Pedestre imprudente

››› *Jaywalkers often get run over.*

››› Pedestres imprudentes são frequentemente atropelados.

Jay é um "gaio", pássaro colorido e barulhento da Europa, da Ásia e da América do Norte, que pula de forma irregular e esquisita. No século XX, inventaram a palavra *jaywalker*, para designar o pedestre que atravessa a rua sem olhar os sinais de trânsito, ou, por exemplo, que anda ziguezagueando no meio da rua, distraidamente. Atravessar a rua desobedecendo aos regulamentos, chamado de *jaywalking* (US) em inglês, é considerado ilegal, principalmente nos Estados Unidos.

JERK

Puxão; empurrão; sacudida; idiota; tolo

››› *He gave the handle a quick jerk.*

››› Ele deu um puxão na maçaneta.

Nos Estados Unidos, os primeiros municípios pequenos e sem importância eram chamados de *jerk towns*. Esses povoados ficavam em regiões distantes, num ramal secundário da estrada de ferro, onde as locomotivas tinham de puxar bruscamente, *jerk*, a água de um ribeirão. As pessoas nessas cidades não tinham acesso à educação, e a palavra *jerk* passou a significar uma pessoa ignorante, tola.

To jerk é fazer um movimento súbito e brusco, espasmódico, com contração muscular, que deu origem, sem precisar de nenhuma explicação, ao verbo informal *to jerk off*, significando "masturbar-se". Muitos estudiosos da etimologia acreditam que *to jerk off*, expressão em uso desde 1590, seja a verdadeira origem da palavra *jerk* no sentido de "idiota". Curiosamente, a palavra britânica informal *to wank* (UK) significa "masturbar-se". Também existe o substantivo *wanker* (UK) para designar "babaca".

JIFFY

Instante; momento; segundo

››› *I'll be back in a jiffy.*

››› Eu volto num instante.

A PALAVRA *jiffy* é usada desde o século XVIII para designar "um instante". No final do século XX, deu origem a um conceito novo e a uma marca registrada: *Jiffy bag* (UK), tipo de envelope com acolchoamento, às vezes com um estofamento de plástico, cheio de bolinhas de ar. É um envelope muito conveniente, que é usado para empacotar livros ou coisas frágeis num instante.

JITTERS

Nervosismo extremo; tremedeira; agitação

››› *I always get the jitters before the exams.*

››› Eu sempre fico muito nervoso antes das provas.

A PALAVRA *jitters* vem do nome *jitterbug* — dança americana com movimentos extravagantes popular na década de 1940. O nome da dança veio da canção *Jitter Bug* (1934) de Cab Calloway (1907-1994), sobre uma pessoa que bebia muito e, em consequência, ficava com uma tremedeira, *jitters*, todo dia de manhã. Da dança, a palavra passou ao uso geral para significar "nervosismo extremo". Usa-se o adjetivo *jittery* para designar uma pessoa nervosa ou agitada.

JOCKSTRAP

Suporte atlético

››› *Men wear jockstraps when they play sports.*

››› Os homens usam suportes atléticos quando praticam esportes.

A PALAVRA *jock* é uma gíria muito antiga e obsoleta para "pênis", que deu origem à palavra *jockstrap* — tipo de sunga ou cinta elástica usada por esportistas para sustentar e proteger os órgãos sexuais. A palavra *jock* é usada como forma abreviada de *jockstrap*. Informalmente, *jock* (US) designa também um estudante que pratica muito esporte. Normalmente a palavra é usada com desaprovação por quem não é esportista.

JOKER

Brincalhão; curinga; trunfo no jogo de cartas

››› *A pack of cards usually has two jokers.*

››› Um baralho costuma ter dois curingas.

A CARTA curinga, em inglês, é *joker*, porque ela tem a figura do bobo da corte, o brincalhão, *the joker*. Também deu origem à expressão *the joker in the pack*, que se refere a uma pessoa ou a um fator cuja influência nos acontecimentos é imprevisível.

TO JUMP THE GUN

Começar algo antes do tempo; chegar a uma conclusão precipitada

››› *You're jumping the gun. Wait.*

››› Você está tirando uma conclusão precipitada. Espere.

ESTA EXPRESSÃO vem do atletismo. O início de uma corrida é frequentemente marcado com o tiro de uma pistola, *gun*. Em inglês, o atleta que começa a corrida antes do sinal de partida está *jumping the gun*, ao pé da letra, "pulando a pistola".

No sentido figurado, *to jump the gun* é "falar" ou "fazer algo antecipadamente", sem saber se é conveniente ou correto.

K

TO KEEL OVER

Tombar; virar; desmaiar

››› *It was really hot and she suddenly keeled over.*

››› Estava muito quente e ela desmaiou de repente.

A PALAVRA *keel* pertence à nomenclatura náutica. É a quilha de um barco — estrutura comprida, de madeira ou aço, que serve de base para toda a armação do barco e que o ajuda a manter a estabilidade na água. A palavra *keel* deu origem à expressão *to keel over*, que significa "virar", ou "desmaiar", e também é usada quando algo para de funcionar de repente. Por exemplo: *My computer just keeled over.*/Meu computador travou de repente.

No sentido figurado, se algo está *on an even keel*, está tudo calmo, equilibrado, indo bem e sem problemas.

TO KEEP THE WOLF FROM THE DOOR

Evitar a fome, a miséria

››› *My salary is not very high, but at least it keeps the wolf from the door.*

››› Meu salário não é muito alto, mas pelo menos dá para o gasto.

OS BRITÂNICOS antigos conheciam muito bem os perigos do lobo, *wolf*. Os lobos perambulavam livremente na Grã-Bretanha até o século XVII. O último lobo selvagem foi abatido em caça em 1682. Naquela época, a miséria e a fome eram motivo de grande preocupação, porque sempre havia a possibilidade de alguém ser devorado por um lobo esfomeado. Os lobos selvagens não conseguiram sobreviver, mas a expressão *to keep the wolf from the door*, ao pé da letra "manter o lobo afastado da porta", continua muito usada até hoje. Como metáfora exagerada, significa "conseguir ganhar dinheiro suficiente para comprar comida e coisas essenciais".

TO KICK THE BUCKET

Morrer

»» *When did the old guy kick the bucket?*

»» Quando foi que o velho morreu?

To KICK *the bucket*, ao pé da letra "chutar o balde", é uma gíria em inglês que significa "morrer". Há duas explicações possíveis para a origem desta expressão. Uma é que vem da palavra francesa arcaica *buquet*, que virou *bucket* em inglês, e que era o nome dado ao suporte usado para pendurar um porco pelos pés e então matá-lo. Na hora de enfiar a faca, o coitado do porco chutava a viga literalmente, em inglês *kicked the bucket*.

A expressão pode ter origem no balde, *bucket*, que alguém usa quando está querendo se suicidar. Para se enforcar, o infeliz fica em pé, em cima de um balde virado para baixo, com a corda no pescoço. Depois ele, literalmente, chuta o balde.

KILT

Tipo de saiote escocês

»» *Kilts are traditionally worn by men in Scotland.*

»» *Kilts* são usados tradicionalmente por homens na Escócia.

O TERMO *kilt* tem sua origem numa palavra escandinava, *kilte*, que significava "enrolar-se". Antigamente, os escoceses usavam um tecido comprido para enrolar na cintura e jogar por cima de um ombro. Mais tarde, virou um tipo de saiote plissado, com desenho em xadrez, chamado *tartan*. *Kilt* é uma peça de roupa tradicionalmente usada pelos homens na Escócia, e, diante do saiote, costuma-se pendurar uma bolsa de couro, geralmente coberta de pelo, chamada *sporran*.

KINGPIN

Chefe; pessoa mais importante no grupo

››› *He is the kingpin of the organization.*

››› Ele é a pessoa mais importante da organização.

EM MECÂNICA, o pino mestre ou pino central é chamado de *kingpin*. No jogo de boliche, o pino de madeira que fica na frente de todos os outros também é chamado de *kingpin*. É o pino mais importante porque, se for derrubado com uma pancada correta, ele faz cair todos os outros pinos. No sentido figurado, *kingpin* é a pessoa mais importante, o pivô de uma organização, essencial para o sucesso.

KIWI

Ave da nova zelândia; neozelandês

››› *The kiwi is the national symbol of New Zealand.*

››› A ave kiwi é o símbolo nacional da Nova Zelândia.

A PALAVRA *kiwi* vem da língua dos maoris, o povo indígena da Nova Zelândia, que migrou para lá da Polinésia, principalmente do Taiti, no século IX. *Kiwi* é o nome da ave que não consegue voar. É o símbolo nacional do país e, informalmente, também o apelido para a pessoa neozelandesa.

A palavra *kiwi* também ficou popularizada como o nome da fruta, *kiwifruit*, cultivada originalmente na Nova Zelândia e hoje muito apreciada no mundo inteiro.

TO KNOCK FOR SIX [UK]

Surpreender; confundir; derrotar

››› *The news of his sudden death knocked me for six.*

››› A notícia da sua morte súbita me surpreendeu muito.

ESTA EXPRESSÃO, tipicamente britânica, vem do jogo inglês *cricket*. Quando um jogador bate a bola fora do campo sem que a bola toque uma só vez o chão, ele ganha o máximo de seis pontos. *To knock for six* quer dizer "derrotar completamente um oponente ou um argumento" e, no sentido figurado, "deixar alguém tão surpreso ou chocado que não sabe o que fazer ou falar".

TO KNOW THE ROPES

Entender bem do assunto; estar a par das coisas

››› *If you have any problems, ask John. He knows the ropes.*

››› Se tiver qualquer problema, pergunte para o John. Ele entende bem do assunto.

ESTA EXPRESSÃO vem dos marinheiros, que na época dos navios a vela tinham de conhecer muito bem os mínimos detalhes dos complexos conjuntos de cabos, *ropes*, do navio e saber manobrá-los. *To know the ropes* significa, então, ser profundo conhecedor de um assunto, principalmente em relação a qualquer tipo de trabalho. Quem ainda não sabe pode "aprender", em inglês, *to learn the ropes*.

TO KNUCKLE UNDER

Ceder; admitir a derrota

- »» *The government will never knuckle under to his demands.*
- »» O governo jamais cederá a suas exigências.

Knuckle, de origem germânica, "osso", significa o nó dos dedos, a articulação dos dedos onde o osso está perto da superfície, principalmente a junção dos dedos com a mão. *To knuckle under* significa dar-se por vencido e então fazer o que os outros mandam. A expressão vem de um costume antigo de bater com o nó dos dedos no lado inferior do tampo da mesa para admitir a derrota em uma discussão ou debate.

TO KOWTOW

Bajular; mostrar submissão

- »» *He's always kowtowing to his boss.*
- »» Ele está sempre mostrando submissão para seu chefe.

Do chinês *ketou*, ao pé da letra "bater a cabeça", faz referência ao antigo costume chinês de ajoelhar-se diante de alguém e tocar o chão com a testa para mostrar respeito, reverência e submissão.

L

LACKADAISICAL

Desanimado; sem interesse; indiferente; desleixado

››› *The service at the hotel was really lackadaisical.*

››› O atendimento no hotel foi desleixado.

A PALAVRA *lackadaisical* vem de uma expressão arcaica, "*Alack!*", ou "*Alackaday*!", que era uma exclamação de pesar, tristeza ou surpresa, algo como "Maldito dia!", "Que pena!", "Meu Deus!".

No século XVIII, passou a significar o comportamento de alguém dominado pelos problemas e desafios da vida, que só fica se lamentando com suspiros, "Maldito dia!" etc. Por extensão, hoje significa uma atitude desleixada, sem interesse.

LACKLUSTER [US]/LACKLUSTRE [UK]

Falta de brilho, de lustro

››› *The new football team gave a lackluster performance.*

››› O novo time de futebol atuou sem brilho.

AO PÉ da letra, *lackluster* quer dizer "falta de lustro" e originalmente significava apenas a falta de brilho nos olhos ou no cabelo de uma pessoa. No sentido figurado, a palavra é usada hoje para significar a falta de ânimo, excitação, inspiração, vitalidade, convicção em qualquer contexto.

LAGER

Espécie de cerveja

››› *A glass of lager, please.*

››› Um copo de cerveja lager, por favor.

LAGER OU *lager beer* tem sua origem na palavra alemã *lager*, "lugar de descanso, depósito", porque *lager* é um tipo de cerveja que é armazenada de seis semanas a seis meses antes de estar pronta para consumo.

LAISSEZ-FAIRE

O princípio de não intervenção; atitude de "deixar para lá"

››› *The situation has got worse because of his laissez-faire attitude.*

››› A situação piorou por causa de sua atitude de deixar para lá.

AO PÉ da letra, *laissez-faire*, em francês, significa "deixe fazer". A expressão se refere à política de governo de não controlar a economia ou as empresas e deixar que as coisas se resolvam sozinhas, sem interferência. O princípio foi inventado pelos franceses no século XVIII e muito defendido pelo famoso economista escocês Adam Smith (1723-1790). Da área da economia, a expressão passou ao uso geral, sem tradução das palavras francesas para o inglês, para indicar uma atitude de deixar as coisas tomarem seu próprio caminho, sem interferir nas atividades ou no comportamento de outras pessoas, nem tentar influenciá-las.

LEAP YEAR

Ano bissexto

››› *A leap year occurs once every four years.*

››› Um ano bissexto ocorre a cada quatro anos.

Um ano bissexto é chamado assim em português porque tem 366 dias, em vez de 365, com 29 dias em fevereiro. Em inglês, chamase *leap year*. *Leap* é "pular", e a explicação para este nome é: por exemplo, em anos normais, se o Natal cai numa segunda-feira, no ano seguinte cai na terça-feira e, um ano depois, na quarta-feira. No quarto ano a partir de fevereiro ele pula a quinta-feira e cai na sexta-feira. Isso por causa do dia acrescentado ao mês de fevereiro. Portanto, no ano bissexto, no dia em que cair uma data, um dia da semana deverá ser pulado.

LEOTARD

Traje para ginastas e bailarinos; collant

››› *Women usually wear leotards when they do physical exercise.*

››› As mulheres costumam usar *collants* quando fazem exercícios físicos.

Leotard é um traje de malha apertado de uma peça só que cobre o corpo do pescoço até as coxas e, normalmente, os braços. A palavra tem origem no nome do acrobata francês Jules Léotard (1839-1870), que também inventou o trapézio. O traje que ele desenhou e que usava no circo foi adotado por outros acrobatas da época e, no século XX, popularizou-se como traje para ginastas e bailarinos.

TO LET THE CAT OUT OF THE BAG

Revelar um segredo ou uma fraude

››› *He let the cat out of the bag about the company's new policy.*

››› Ele revelou o segredo sobre a nova política da empresa.

Nos mercados e feiras livres medievais, alguns comerciantes inescrupulosos costumavam colocar um gato no saco, em vez de um leitãozinho, para tentar enganar o freguês incauto. O comprador prudente sempre pedia para abrir o saco para verificar o conteúdo e, se fosse revelada a fraude, literalmente ele deixava o gato sair do saco — *he let the cat out of the bag.*

LIKE WATER OFF A DUCK'S BACK

Sem efeito algum; chover no molhado.

››› *I've warned him many times, but he doesn't listen. It's like water off a duck's back.*

››› Eu o avisei muitas vezes, mas ele não escuta. É chover no molhado.

O pato é uma ave que vive principalmente na água e é especialmente adaptado à vida aquática. Além do pé palmado, com membrana natatória, o pato tem penas à prova d'água. Quando ele mergulha e volta à superfície, a água

escorre pelas suas costas, e ele fica sempre sequinho. No sentido figurado, qualquer comentário, principalmente uma crítica, advertência ou conselho, que não tem nenhum efeito, é *like water off a duck's back*, ao pé da letra, "como água nas costas de um pato".

LOCK, STOCK AND BARREL

Tudo junto; inteiramente; o lote inteiro

››› *They bought the company lock, stock and barrel.*

››› Eles compraram a empresa toda.

ESTA EXPRESSÃO vem das antigas armas de fogo. *Lock* é o fecho da arma, *stock*, a extremidade mais grossa, e *barrel* é o cano — as três partes essenciais que, juntas, formavam o mecanismo completo de uma arma. No sentido figurado, quando se incluem todas as partes de qualquer coisa, situação ou lugar, chama-se *lock, stock and barrel.*

LONG IN THE TOOTH

Maduro; velho

››› *I'm a bit long in the tooth to be going to discos.*

››› Eu estou um pouco velho para ir a discotecas.

ESTA EXPRESSÃO esquisita vem das ciências equinas. Conforme um cavalo vai ficando mais velho, naturalmente as gengivas começam a se retrair, deixando os dentes aparecerem cada vez mais. Quando um cavalo está *long in the tooth,* "com o dente comprido", é sinal de que já está velho. Usa-se essa expressão de modo humorístico para se referir a pessoas, mas dizem que, de fato, existe um processo de retração gengival similar nos seres humanos também.

TO LOSE FACE

Ser humilhado; perder o prestígio; desacreditar-se

››› *He wanted to end the conflict without losing face.*

››› Ele quis terminar o conflito sem perder o prestígio.

Para os chineses, um antigo sinal de desonra e vergonha era cobrir o rosto com um leque e, literalmente, "perder a face", *lose face*. O costume chinês deu origem à expressão em inglês *to lose face*, significando "ser humilhado", "desprestigiar-se". Da mesma origem, existe a expressão *to save face*, que significa manter o prestígio e evitar a perda do respeito.

M

TO MAKE (BOTH) ENDS MEET

Viver dentro do orçamento; equilibrar o orçamento

››› *It's difficult to make ends meet; especially if you have children.*

››› É difícil viver dentro do orçamento, principalmente quando se tem filhos.

To MAKE *(both) ends meet* é uma expressão bastante comum, principalmente em discussões sobre as dificuldades da vida moderna de se conseguir chegar ao fim do mês com as contas pagas e sem dívidas. A palavra *ends* aqui se refere aos números finais que "batem", *meet*, no balancete. *To make (both) ends meet* significa ter apenas o dinheiro suficiente para comprar as coisas essenciais ou viver de acordo com sua renda.

MAVERICK

Dissidente; pessoa de pensamento independente

››› *Maverick scientists claim to have cloned human beings.*

››› Cientistas dissidentes alegam ter clonado seres humanos.

SAMUEL AUGUSTUS Maverick (1803-1870), advogado texano, tornou-se pecuarista contra sua própria vontade quando alguém pagou-lhe uma dívida com gado. Ele não se interessava nem um pouco pelo negócio e nunca se deu ao trabalho de marcar seu gado com ferro quente. Logo o termo *maverick* tornou-se comum para indicar qualquer animal não marcado com ferrete. Nos Estados Unidos, a partir de 1880, o nome *maverick* adquiriu uma conotação política para designar políticos que não reconheciam a liderança de qualquer partido. Hoje *maverick* significa qualquer pessoa independente, com ideias e comportamentos muito diferentes dos das outras pessoas.

MAYHEM

Caos; confusão; desordem; destruição

››› *There was complete mayhem at the children's party.*

››› Foi um caos total na festa das crianças.

Mayhem TEM sua origem na palavra *maim*, "mutilar", que era usada como termo legal arcaico para designar a mutilação intencional de uma pessoa para deixá-la sem defesa. Hoje, a palavra *mayhem* é usada para indicar qualquer situação confusa, caótica, ou ações violentas ou danosas.

MEALY-MOUTHED

Falso; dissimulado; insincero; hipócrita

››› *He just gave some mealy-mouthed excuses.*

››› Ele só deu desculpas esfarrapadas.

A PALAVRA inglesa *meal* é mais conhecida hoje com o significado de refeição, mas originalmente designava a farinha de qualquer cereal. A metáfora *mealy-mouthed* sugere alguém falando em voz baixa, como se estivesse com a boca cheia de farinha grossa, e indica que a pessoa não quer se expressar de forma clara e direta, normalmente porque está escondendo a verdade.

MELTING POT

Lugar de mistura de raças e culturas; caldeirão de raças

››› *São Paulo is one of the greatest melting pots in South America.*

››› São Paulo é um dos maiores caldeirões de raças da América do Sul.

NO SENTIDO figurado, a *melting pot* é qualquer lugar onde existem diversas pessoas, com diferentes estilos de vida, culturas, religiões e raças. A expressão vem do significado original de *melting pot,* que é o cadinho onde são derretidos e fundidos vários metais ou outras substâncias. Em um *melting pot,* as misturas culturais e raciais são fundidas e assimiladas por todos.

TO MESMERIZE

Fascinar; encantar; hipnotizar

››› *The children were completely mesmerized by her story.*

››› As crianças ficaram totalmente encantadas com sua história.

ESTA PALAVRA vem do nome do médico austríaco Franz Anton Mesmer (1734-1815), que em 1778 apresentou em Paris sua teoria de magnetismo animal, o mesmerismo, que foi precursora do hipnotismo. A palavra *to mesmerize* é usada hoje no sentido figurado de encantar tanto uma pessoa que ela parece estar hipnotizada.

MIDWIFE

Parteira

- *Midwives are trained to help women when they are giving birth.*
- As parteiras são treinadas para ajudar as mulheres quando elas estão dando à luz.

Do inglês arcaico *mid*, significando "com", e *wif, wife*, no sentido obsoleto de "mulher". A palavra *midwife* significava a pessoa que ficava "com a mulher" na hora do parto, que hoje em dia é a enfermeira especializada ou a parteira treinada, ambas chamadas de *midwife* em inglês.

TO MINCE WORDS

Medir as palavras

- *He didn't mince his words. He spoke very frankly.*
- Ele não mediu as palavras. Ele falou muito francamente.

To mince words significa ter muito cuidado com o que se diz para não ofender ninguém ou para ser educado. A metáfora vem do significado da palavra *mince*, "moer", como se as palavras fossem pedaços de carne que, quando moídos, ficassem mais agradáveis e fáceis de ser digeridos.

MIND YOUR P'S AND Q'S

Cuidar da etiqueta; "andar na linha"

- *You'd better mind your p's and q's when you have dinner with your boss and his wife.*
- É melhor você andar na linha quando for jantar com seu chefe e sua esposa.

A expressão *mind your p's and q's*, ao pé da letra "cuidar de seus p's e q's", é usada para aconselhar alguém a falar e a se comportar de maneira apropriada para não cometer gafes. Não se sabe ao certo a origem desta expressão estranha. Provavelmente ela vem do conselho dado a crianças aprendendo a escrever na escola — para tomar cuidado com as letras "p" e "q". Outra história bastante criativa sugere que a expressão veio das tavernas, onde a cerveja era cobrada conforme a quantidade bebida, ou seja, nas medidas inglesas, um *pint* (= 0,568 litro) ou um *quart* (= 2 *pints* ou 1,136 litro). Na hora de pagar a conta, então, o freguês precisava tomar cuidado com os p's (*pints*) e os q's (*quarts*) que o taverneiro tinha colocado na sua lista de consumação.

MNEMONIC

Mnemônico; que ajuda a memória

››› *A mnemonic is used to help you remember something.*

››› Uma mnemônica é usada para ajudá-lo a lembrar algo.

DO GREGO *mneme*, "memória", a *mnemonic* é qualquer artifício que auxilia a memória, principalmente para a pessoa se lembrar de regras científicas ou qualquer coisa difícil de decorar. Costuma ser uma rima, uma música, uma palavra ou uma frase especial. Por exemplo: *i before e, except after c* é uma frase mnemônica para lembrar a regra de como escrever palavras como *receive e believe,* que têm um som igual mas a grafia diferente. Ou o exemplo verdadeiro do gringo em São Paulo, que não falava português e tinha dificuldade em lembrar o nome do centro de convenções que estava visitando. Pronto! Ele só precisava pensar em cebola, em inglês, *onion,* e no verbo ser/estar, *be,* e, juntando as duas palavras, se lembrava facilmente do nome — Anhembi.

TO MOLLYCODDLE

Mimar; paparicar

››› *You should stop mollycoddling your grandchildren.*

››› Você deveria parar de paparicar seus netos.

To MOLLYCODDLE significa "mimar" alguém, ou seja, fazer coisas demais e protegê-lo contra qualquer situação desagradável. *Molly* pode ser o nome de uma mulher ou significar simplesmente "menina", mas certamente a palavra francesa *molle,* "mole" em português, teve alguma influência nesta expressão. *Coddle* significa "amimar", "acariciar" e vem do sentido obsoleto de tratar alguém como doente, inválido.

TO MOONLIGHT

Fazer um bico; emprego adicional

››› *He is a teacher, but he moonlights as a taxi driver in the evenings.*

››› Ele é professor, mas faz bico como taxista à noite.

A PALAVRA *moonlight,* "luar" em português, tornou-se o verbo *to moonlight,* originalmente para designar trabalhar após os horários normais de trabalho, ou seja, em horários noturnos. Hoje se usa o verbo *to moonlight* e o substantivo *moonlighting* para uma atividade extra, além do emprego normal, que pode ser realizada em qualquer horário. O importante é que *moonlighting* evita ter de pagar qualquer imposto, já que não é um emprego registrado e, normalmente, paga-se com dinheiro vivo.

MORON

Retardado mental; idiota; imbecil

››› *You moron! I've told you a thousand times not to do that!*

››› Seu imbecil! Eu já lhe disse mil vezes para não fazer isso!

Do grego *mõron*, "bobo", "tolo", a palavra inglesa *moron* foi inventada em 1910 pelos cientistas da *American Association for the Study of the Feeble Minded*, algo como Associação Americana para o Estudo de Débeis Mentais. *Moron* também era o nome de um personagem bobo na peça de Molière, *La Princesse d'Elide*. A palavra *moron* foi usada como termo médico para designar um adulto com idade mental de uma criança de mais ou menos oito anos de idade. Informalmente, é usada como palavra ofensiva para alguém que se comporta como imbecil.

MUM

Calado; em silêncio

››› *I haven't told anyone else this yet, so mum's the word, OK?*

››› Eu ainda não contei isso para mais ninguém; então bico calado, OK?

Mum (UK), palavra coloquial britânica para "mamãe" no inglês americano, *mom* (US), tem outro significado completamente diferente e sem nenhuma relação. *Mum* significa também "calado", "silencioso" e representa o som de "mmm" que se faz quando se fala com os lábios fechados. A palavra *mum* é usada em duas expressões fixas: *to keep mum about something*, "manter algo em segredo", "ficar calado"; e *mum's the word!*, "bico calado!", dadas como conselho para se manter algo em segredo.

TO MUSHROOM

Crescer; desenvolver-se; espalhar-se rapidamente

››› *The number of DVD players in homes has mushroomed this year.*

››› O número de aparelhos de DVD nos lares cresceu rapidamente este ano.

A PALAVRA *mushroom*, "cogumelo", é usada como verbo regular em inglês, *to mushroom*, significando surgir ou crescer rapidamente. Tem sua origem no rápido crescimento desse fungo e também na nuvem densa em forma de cogumelo que se espalha rapidamente depois de uma explosão atômica.

N

NAMBY-PAMBY

Insípido; piegas; água com açúcar

››› *I hate these namby-pamby short stories!*

››› Eu odeio esses contos piegas!

Namby-pamby foi o apelido dado ao poeta Ambrose Philips (1674-1749) pelo dramaturgo Henry Carey (1687-1743) com o intuito de ridicularizá-lo e que foi muito usado depois por Alexander Pope (1688-1744) para criticar o poeta. Philips escrevia poesias pastorais medíocres e poemas piegas sobre bebês. Seu apelido rapidamente tornou-se um termo para qualquer obra literária "água com açúcar" ou qualquer indivíduo insípido, fraco ou efeminado.

NAMESAKE

Homônimo; xará

››› *His namesake is a famous footballer.*

››› Seu xará é um jogador de futebol famoso.

A palavra *namesake*, significando qualquer coisa ou pessoa com o mesmo nome, tem sua origem na frase original do século XVII *for the name's sake,* algo como "por causa do nome", "em consideração ao nome".

NAP

Soneca; cochilo

››› *I think I'll just take a little nap.*

››› Acho que vou tirar uma soneca.

Do INGLÊS arcaico *knappian*, "ter um sono leve", o verbo *to nap* significa "dormir um pouquinho", principalmente durante o dia.

No sentido figurado, designa estar desprevenido, descuidado na expressão *to catch someone napping*, "pegar alguém desprevenido", "de calças curtas". Por exemplo: *The goalkeeper was caught napping by a shot from Ronaldo.*/O goleiro foi pego desprevenido por um lance de Ronaldo.

NECK OF THE WOODS

Região ou localidade específica

››› *Houses are very expensive in this neck of the woods.*

››› As casas custam muito caro nesta região.

NECK OF the woods é um termo de origem americana que significava um "assentamento na floresta". Hoje, usa-se a expressão para significar qualquer área ou localidade específica de uma cidade ou país, com ou sem floresta.

NERD

"Nerd"; "cdf"; pessoa socialmente incompetente

››› *He's a real nerd!*

››› Ele é um "nerd"!

O FAMOSO Theodor Seuss Geisel (1904-1991), conhecido por todos como artista e contador de histórias — *Dr. Seuss* — foi quem inventou a palavra *nerd* em seu livro *If I Ran the Zoo* (1950). Ele descreveu o *nerd* como uma criatura humanoide, magra e mal-humorada. As crianças adoraram a ilustração e o nome e logo começaram a usá-lo para indicar o "cdf", o estudioso normalmente muito inteligente, mas socialmente incompetente e fisicamente não atraente. A palavra *nerd* é muito usada hoje no sentido pejorativo para designar alguém muito interessado em assuntos técnicos e científicos, principalmente em computadores, e considerado cansativo e careta.

NEVER NEVER LAND

País das maravilhas; utopia

››› *A never never land of zero inflation and low interest rates.*

››› Um paraíso com inflação zero e taxas de juros baixas.

Never never land, ao pé da letra "a terra do nunca nunca", indica uma situação ou lugar imaginário e ideal onde tudo é bonito e agradável e tudo acontece exatamente do jeito que a pessoa quer. O nome vem do livro *Peter Pan* (1904), do escritor escocês J. M. Barrie (1860-1937). *Never never land* é um lugar cheio de fantasias, criaturas imaginárias e acontecimentos excitantes para onde Peter Pan viaja para evitar crescer. Usa-se a expressão no sentido figurado para designar qualquer lugar ou situação utópica e ideal.

NEXT OF KIN

Parente mais próximo

››› *We must inform the next of kin.*

››› Nós precisamos informar o parente mais próximo.

A palavra *kin* vem do inglês arcaico *cynn*, que significava *kind*, no sentido de "gênero", "espécie" e, por extensão, "família". *Next of kin* é um termo jurídico usado principalmente em documentos oficiais. Na Inglaterra, se uma pessoa morrer sem fazer um testamento, a lei inglesa estipula a seguinte ordem de prioridade para herdeiros do espólio:

1º Cônjuge
2º Filhos
3º Pais
4º Irmãos
5º Meios-irmãos
6º Avós
7º Tios
8º Meios-tios
9º A Coroa Britânica

IN THE NICK OF TIME

No momento exato; na hora H

››› *You arrived just in the nick of time.*
››› Você chegou justo na hora H.

A PALAVRA inglesa *nick* significa "corte", "entalhe". Antigamente costumava-se marcar o tempo com pequenos cortes na madeira, o que deu origem à expressão *in the nick of time*, significando "no momento preciso".

Em inglês britânico informal, a palavra *nick* tem vários outros sentidos, como mostra a seguinte historinha:

"My car was in excellent nick, but somebody nicked it last week. Yesterday the police nicked the thief and now he's in the nick, but my car's in really bad nick. (UK)"

"Meu carro estava em excelente estado, mas alguém o roubou na semana passada. Ontem a polícia prendeu o ladrão, e agora ele está na prisão, mas meu carro está em péssimo estado."

A NIGHT (OUT) ON THE TILES

Uma noite em festa; uma noitada

››› *Let's have a night out on the tiles soon.*

››› Vamos ter uma noitada em breve.

A EXPRESSÃO *a night (out) on the tiles* é usada informalmente para designar uma noitada de muito divertimento e grande farra. Ao pé da letra, "uma noite nas telhas". A expressão tem sua origem nas atividades noturnas dos gatos, no sentido de felinos, principalmente no período de acasalamento, quando os animais ficam se divertindo nas telhas das casas.

NITTY-GRITTY

A essência da questão

››› *Let's get down to the nitty-gritty: when and how much?*

››› Vamos ao que interessa: quando e quanto?

NITTY-GRITTY SIGNIFICA os elementos básicos de qualquer situação ou atividade, o "âmago da questão", os aspectos mais importantes e os detalhes práticos. A expressão começou a ser usada em 1960 e provavelmente tem sua origem nas palavras *nit*, "piolho", e *gritty*, "arenosa", "em grão", referindo-se aos piolhos minúsculos que são tão difíceis de tirar dos cabelos.

NO SKIN OFF MY NOSE

Indiferente; que "tanto faz"

››› *I don't care if they sign the contract or not. It's no skin off my nose.*

››› Eu não me importo se eles vão assinar o contrato ou não. Para mim, tanto faz.

Quando uma pessoa não se importa se alguém faz algo ou não porque acha que não causará nenhum efeito adverso, diz-se em inglês *it's no skin off my nose*. Esta expressão vem da imagem de uma briga em que a pessoa sai ilesa, sem nenhum arranhão na pele do nariz — *no skin off my nose*.

NTH

Enésimo

- ››› *This is the nth time he's failed his driving test.*
- ››› É a enésima vez que ele foi reprovado no exame de motorista.

Em matemática, o "n" representa qualquer número ou designa um número não específico de uma série de números ou itens enumerados. Da matemática, *nth* passou para o uso geral para significar o último de uma série longa de itens ou o número ordinal infinito. É uma palavra muito usada na expressão *the nth time*, "a enésima vez".

O

O'

Descendente de

››› *His name is Brian O'Connell.*

››› Seu nome é Brian O'Connell.

MUITOS SOBRENOMES de famílias irlandesas têm o prefixo *O'*. Por exemplo: *O'Casey, O'Reilly, O'Neill. O'* é um patronímico que tem origem no irlandês arcaico *oa*, que significa "descendente de" ou "neto", e anteposto ao nome da família indica a descendência.

OAF

Pateta; imbecil; pessoa estúpida; desajeitado

››› *Be careful, you'll break that! You clumsy oaf!*

››› Cuidado, você vai quebrar isso! Seu imbecil!

A PALAVRA *oaf* é uma corruptela do inglês arcaico *oelf*, em inglês moderno *elf*, "elfo", "duende". Os antigos acreditavam que uma criança com doenças mentais ou deformada havia sido colocada no lugar de outra logo ao nascer. Dizia-se que as fadas deixavam essa criança no lugar da roubada e, portanto, ela era um tipo de duende. Hoje, usa-se a palavra *oaf* no sentido figurado, para designar qualquer pessoa estúpida e insensível, que se comporta de forma mal-educada e desagradável, ou uma pessoa desajeitada.

OCTOPUS

Polvo

››› *Octopuses live at the bottom of the sea.*

››› Os polvos vivem no fundo do mar.

DO GREGO *okto*, "oito", e *pous*, "pés", *octopus* na verdade é um nome incorreto, uma vez que o polvo não tem pés, e sim tentáculos.

Outro erro comum em inglês é usar o plural *octopi* como se fosse uma palavra do latim. O plural correto é *octopuses*. A palavra *octopus* é também usada no sentido figurado para um sistema ou uma organização tentacular, de longo alcance e que tem efeitos nocivos. Por exemplo: *The octopus of dictatorial regimes.*/O sistema tentacular de regimes ditatoriais.

OFF BASE [US]

Errado; equivocado; enganado

››› *The government's critics are way off base.*

››› Os críticos do governo estão completamente equivocados.

OFF BASE é uma expressão informal que vem do jogo de beisebol americano e se refere ao jogador que fica muito longe da base, *off base*, é pego e sai do jogo. Do jogo, a expressão passou ao uso geral para significar "errado", "equivocado".

OFF-THE-CUFF

Improvisado; espontâneo

››› *He had to reply to the questions off-the-cuff.*

››› Ele teve de responder às perguntas de improviso.

CUFF É o punho da manga de uma camisa. Antigamente, em jantares formais, um dos convidados era sempre convocado para discursar de improviso depois do jantar. Os homens costumavam, disfarçadamente, rascunhar lembretes ou anotar ideias no punho engomado da manga da camisa para servir de "cola". Assim, davam a impressão (falsa) de que estavam falando improvisadamente. No sentido figurado, qualquer fala ou comentário espontâneo, sem preparação prévia, é *off-the-cuff*. Com o mesmo sentido, fala-se também *off the top of one's head*, especialmente quando se diz algo sem ter pensado muito a respeito do assunto antes.

OFF-THE-WALL

Incomum; excêntrico; louco; ultrajante

››› *He has some really off-the-wall ideas.*

››› Ele tem umas ideias muito loucas.

Off-the-wall é uma nova expressão informal que vem do jogo de *squash*. Nesse jogo, uma espécie de tênis, o jogador bate a bola violentamente contra a parede, *off-the-wall*, e a bola volta de forma errática e irregular. A expressão é usada no sentido figurado para qualquer coisa considerada incomum ou ultrajante.

IN THE OFFING

Iminente; em um futuro próximo

››› *There are several projects in the offing.*

››› Há vários projetos iminentes.

Esta expressão tem origem náutica. *Offing* é o alto-mar. Quando um navio é visto da terra ao largo, normalmente isso indica que está se aproximando do porto. No sentido figurado, *in the offing* significa que algo está próximo, prestes a acontecer.

OK

Ok; certo; correto; aprovado

››› *Is everything OK with you?*

››› Está tudo bem com você?

O TERMO *OK*, hoje em dia mundialmente conhecido, surgiu no século XVIII, na campanha para a reeleição do presidente Martin Van Buren (1782-1862) nos Estados Unidos. O apelido dele era *Old Kinderhook* (ele nasceu em Kinderhook, Nova York) e, em 1840, as iniciais *OK* se popularizaram como lema de sua campanha para indicar que, com *Old Kinderhook* como presidente, tudo estaria ótimo. De forma humorística, também dizia-se que *OK* era sigla para *orl korrect* – *all correct* –, ou seja, "tudo correto".

A forma escrita é *OK*, ou *okay*, e informalmente se fala também *okey-dokey* ou *okey-doke*. A palavra *OK* pode ser usada também como verbo regular, significando "aprovar", "endossar". Por exemplo: *He OK'd everything* ou *He okayed everything.*/Ele aprovou tudo.

Há também a expressão *A-OK* (US), significando "ótimo", que vem da era espacial. Foi usada pela primeira vez na década de 1960 pela NASA, nos Estados Unidos, para indicar que todos os sistemas estavam em perfeitas condições *All systems OK* (abreviada para *A-OK*).

OMBUDSMAN

Ouvidor; ombudsman

››› *The ombudsman received thousands of complaints.*

››› O ouvidor recebeu milhares de reclamações.

A PALAVRA *ombudsman* vem do sueco e significa "comissário", "delegado". Trata-se de um funcionário designado para receber e investigar reclamações dos cidadãos contra órgãos governamentais. O primeiro *ombudsman* foi nomeado na Suécia em 1809, mas foi só a partir da década de 1950 que outros países começaram a nomear ouvidores oficiais — a Dinamarca, em 1955; a Noruega e a Nova Zelândia, em 1962; a Grã-Bretanha, em 1967. Projetos com ouvidores independentes já se espalharam pelas organizações privadas e, embora recente no Brasil, essa atividade já é praticada em diversos setores. São profissionais pagos pela empresa para ouvir as reclamações e sugestões dos clientes e encaminhá-las ao departamento interno apropriado. Além de resolver qualquer problema, o *ombudsman* também colhe informações para melhorar o desempenho da empresa.

ONCE IN A BLUE MOON

Muito raramente

››› *I see him once in a blue moon.*

››› Eu o vejo muito raramente.

DIZEM QUE na camada da atmosfera acima da troposfera existem partículas minúsculas de poeira que causam um efeito raríssimo. Elas dão um tom azulado à Lua para quem está observando da Terra. Esse fenômeno é tão raro que deu origem à expressão *once in a blue moon*, significando "muito raramente".

THE OUTBACK [AUS]

O sertão no interior da austrália

››› *Few people live in the Australian outback.*

››› Poucas pessoas moram no sertão da Austrália.

NA AUSTRÁLIA, as regiões remotas no interior, principalmente os sertões no centro do país, normalmente desabitadas, são chamadas de *the outback*. A palavra vem da expressão completa *out in the back country*. *Outback* é uma elipse, ou seja, ocorre quando as palavras que se subentendem foram omitidas. *Back country* é o "território atrás" das regiões habitadas.

OVER THE TOP

Além dos limites; ultrajante; exagerado

››› *His comments were way over the top.*

››› Seus comentários foram muito exagerados.

ESTA EXPRESSÃO originou-se na Primeira Guerra Mundial (1914-1918), quando os soldados tinham de passar por cima, *over the top*, das trincheiras para atacar o inimigo. Depois de escalar as trincheiras, eles ficavam na "terra de ninguém", onde a chance de se levar um tiro era muito grande. Desde então, usa-se a expres-são *over the top* para designar qualquer coisa absurda, excessiva, principalmente referindo-se ao comportamento ultrajante ou à roupa exagerada de alguém. A expressão popularizou-se na Grã-Bretanha, em 1982, depois de um seriado de televisão com o mesmo nome. Usa-se também uma abreviação, a sigla *OTT*.

P

TO PAINT THE TOWN RED

"Pintar o sete"; "fazer uma farra"; "botar para quebrar"

››› *Let's paint the town red tonight.*

››› Vamos botar para quebrar hoje à noite.

ESTA EXPRESSÃO tem sua origem no Oeste dos Estados Unidos, em seu período sem lei, no tempo dos pioneiros. *To paint the town red,* ao pé da letra "pintar a cidade de vermelho", refere-se à zona de meretrício, chamada de *red light district* em inglês, porque se costumava acender uma luz vermelha, *red light*, na frente das casas das prostitutas e dos bordéis. Depois de se divertirem no meretrício, os caubóis e suas companheiras costumavam prolongar a farra, levando-a para o resto da cidade.

PARKA

Agasalho longo com capuz

››› *He was wearing a green parka.*

››› Ele estava usando um agasalho longo e verde com capuz.

A PALAVRA *parka* vem da língua dos esquimós das Ilhas Aleutas. É o nome que se dá ao casaco comprido com capuz, originalmente feito de couro e forrado com pele de animais, e que hoje é uma confecção de lã ou algodão. Esta peça de vestuário do Alasca foi adotada pelos americanos no século XVIII, quando o nome também entrou na língua inglesa.

TO PASS THE BUCK

Passar a responsabilidade para outra pessoa

- »» *The lawyer was trying to pass the buck.*
- »» O advogado estava tentando passar a responsabilidade para outrem.

To pass the buck é uma expressão americana que tem sua origem no jogo de pôquer. O jogador com a responsabilidade de dar as cartas colocava uma faca à sua frente. O cabo da faca era feito de chifre de cervo, em inglês, *buckhorn*. Depois de dar as cartas, o jogador passava a faca, *passed the buck*, para a próxima pessoa com essa responsabilidade. Usa-se a expressão hoje para significar livrar-se de uma responsabilidade que é sua e passá-la para outrem. Esta prática é chamada de *buck-passing*.

Harry Truman, presidente dos Estados Unidos logo após a Segunda Guerra Mundial, colocou um pequeno quadro sobre sua mesa, onde estava escrito *"The buck stops here"*, para indicar que ele assumiria todas as suas responsabilidades e não iria repassá-las para outras pessoas. Quem assume uma responsabilidade fala esta mesma expressão — *the buck stops here*. Usa-se também *the buck stops with somebody* para designar quem deveria assumir uma responsabilidade. Por exemplo: *The buck stops with the workers not the bosses.*/A responsabilidade é dos trabalhadores e não dos chefes.

PECKISH [UK]

Com um pouco de fome

- »» *I'm feeling a bit peckish.*
- »» Estou com um pouco de fome.

A PALAVRA *peckish* vem da palavra *peck*, "dar bicadas", e se refere ao jeito como galinhas e outras aves apanham a comida com o bico. *Peckish* é uma palavra informal que indica que a pessoa está com um pouco de fome e com vontade de beliscar ou mordiscar algo.

PIGEONHOLE

Escaninho; classificar

››› *He is a writer who is difficult to pigeonhole.*

››› Ele é um escritor difícil de classificar.

PIGEON, EM português, é "pombo", e *pigeonhole*, "buraco de pombo". No sentido figurado, a palavra é usada para designar um pequeno compartimento para guardar papéis ou cartas, um escaninho. O verbo, *to pigeonhole*, significa classificar algo ou alguém, como que colocando-o em pequenos compartimentos ou categorias, normalmente de forma rígida e sem saber muito a respeito da pessoa ou da coisa em questão.

PIN MONEY

Dinheiro para pequenas despesas; dinheiro miúdo

››› *It's just pin money.*

››› É só dinheiro miúdo.

AO PÉ da letra, *pin money* é "dinheiro para alfinetes". Antigamente, o marido dava uma mesada para a esposa para suas despesas pessoais, que se chamava *pin money*. *Pin* significa "alfinete" e também "broche" e "grampo" para o cabelo. Nos séculos XIV e XV, esses adornos custavam muito caro. Porém, mesmo depois

que esses enfeites se tornaram mais baratos, o termo *pin money* continuou sendo usado para designar a mesada da mulher. Hoje, *pin money* se refere a uma quantia pequena de dinheiro que é gasto com divertimento e coisas não essenciais.

PIPE DREAM

Sonho irreal; ideia impraticável, impossível

››› *His plan of becoming famous is just a pipe dream.*

››› Seu plano de ficar famoso é simplesmente um sonho irreal.

A PIPE *dream* significa qualquer sonho ou esperança irreal que não se pode cumprir ou alcançar. A expressão tem sua origem no final do século XIX e se refere aos delírios que as pessoas tinham ao fumar ópio. A palavra *pipe*, "cachimbo", nesta expressão, é o cachimbo com ópio. Dos vícios do século XIX, a expressão passou para o uso geral significando qualquer sonho inatingível.

IN THE PIPELINE

Em andamento; em preparação

››› *They have lots of new publications in the pipeline.*

››› Eles têm muitas publicações novas em andamento.

QUANDO ALGO já está em andamento, no processo de ser feito ou organizado para o futuro próximo, diz-se, em inglês, que está *in the pipeline*. A expressão se refere ao transporte de óleo por "oleoduto", *pipeline*. Um oleoduto normalmente passa por baixo da terra, ligando pontos muito distantes, e o transporte do produto é demorado. No sentido figurado, qualquer coisa que esteja *in the pipeline* está caminhando, em processo de desenvolvimento.

THE PITS

Algo muito ruim; lugar horrível; "o fim da picada"

››› *Having to work on Sunday is the pits.*

››› Ter de trabalhar no domingo é o fim da picada.

ESTA EXPRESSÃO informal nova tem sua origem na linguagem dos viciados em drogas, principalmente em heroína. Depois de ter injetado a droga em todas as veias e estragado os vasos sanguíneos em boa parte do corpo, só resta um último lugar, que é o pior e o mais doloroso para se aplicar uma injeção – a axila, em inglês *armpit*. *The pits*, então, se refere às axilas. A expressão *the pits* passou da língua dos viciados para o uso geral para significar qualquer coisa ou lugar muito ruim.

PLAIN SAILING

Sem dificuldades; sem empecilhos; fácil de fazer

››› *We won the game, but it wasn't all plain sailing.*

››› Nós ganhamos o jogo, mas não foi nada fácil.

ESTA EXPRESSÃO vem do termo náutico *plane sailing*, que é a arte de determinar a posição de um barco usando a hipótese de que a Terra seja plana, e não redonda. Nesse caso, o barco se movimenta sobre um plano, em vez de uma superfície redonda e, assim, fica fácil de determinar o curso e a distância. É uma navegação livre, sem dificuldade. Da área náutica, a expressão passou ao uso geral com a grafia modificada – *plane* tornou-se *plain* – para significar qualquer coisa fácil de fazer, sem nenhum empecilho.

TO PLAY IT BY EAR

Agir de improviso; improvisar

››› *I can't tell you what to do. You'll just have to play it by ear.*

››› Eu não posso lhe dizer o que fazer. Você vai ter de improvisar.

To PLAY *it by ear* significa "agir de improviso", instintivamente ou conforme as coisas acontecem. A metáfora vem da música e da expressão *to play by ear*, "tocar de ouvido".

PLONK [UK]

Vinho barato, de qualidade inferior

››› *Let's eat a pizza and have a bottle of plonk.*

››› Vamos comer uma pizza e tomar uma garrafa de vinho barato.

A PALAVRA *plonk,* significando "vinho barato", é muito usada na Grã-Bretanha, mas teve sua origem na Austrália, na década de 1930, quando os australianos modificaram a pronúncia do francês *vin blanc*, "vinho branco", e a palavra francesa *blanc* tornou-se *plonk* em inglês. Logo, a palavra *plonk* se popularizou para designar qualquer vinho barato, de qualidade inferior.

POINT-BLANK

Direto; categórico; sem rodeios; "à queima-roupa"

››› *I told her point-blank I wouldn't do it.*

››› Eu disse a ela categoricamente que não faria.

Point-blank É um termo que vem da ciência da artilharia. Indica um tiro de canhão ou de espingarda que vai direto ao alvo, sem curvas. Vem do francês *point blanc*, que

é o "ponto branco" no centro do alvo. Para uma bala ou uma flecha acertar na mosca, no centro do alvo, não pode se desviar nem um pouquinho – tem de ir direto. No sentido figurado, *point-blank* significa "direto", "objetivo", "franco", "sem-cerimônia".

Point-blank também significa "à queima-roupa". Por exemplo: *The thieves shot the man point-blank.*/Os ladrões atiraram no homem à queima-roupa.

POKER FACE

Fisionomia inexpressiva

››› *He kept a poker face during the whole meeting.*

››› Ele ficou com a fisionomia inexpressiva durante toda a reunião.

Um bom jogador de pôquer precisa manter o rosto sem expressão, impenetrável, para não deixar transparecer qualquer ideia das cartas que tem. Ele tem de esconder de seus adversários o valor de suas cartas, e faz parte do jogo tentar enganar pela falta de expressão no rosto, ou seja, a famosa tática de blefar. Do jogo de pôquer, a expressão *poker face* passou para o uso geral para significar uma pessoa de rosto impassível, não demonstrando nenhuma emoção, escondendo seus verdadeiros sentimentos.

POLES APART

Extremos opostos; completamente diferentes

››› *My brother and I are poles apart.*

››› Meu irmão e eu somos completamente diferentes.

QUANDO COISAS ou pessoas não têm absolutamente nada em comum, diz-se, em inglês, que estão *poles apart*. A expressão vem da referência aos Polos Norte e Sul, que, geograficamente, são extremos opostos.

POMMY [AUS]

Britânico

››› *There are a lot of pommies living here in Sydney.*

››› Há muitos britânicos morando aqui em Sydney.

POMMY É uma palavra nova, do século XX, que os australianos e os neozelandeses usam para se referir aos imigrantes britânicos na Austrália e na Nova Zelândia. Dependendo do contexto, de quem e como se fala, pode ser uma palavra carinhosa ou ofensiva. Há duas versões para a origem da palavra. Uma diz que vem da palavra *pomegranate*, “romã”, referindo-se à tez rosada dos britânicos. Outra explicação é que a palavra *pommy* vem da sigla *POME – prisoner of mother England*, “prisioneiro da mãe Inglaterra” –, em referência aos criminosos que foram transportados da Inglaterra para a Austrália.

Há mais duas expressões informais para designar os britânicos, muito usadas pelos australianos e neozelandeses: *Pommy bastard*, “bastardo britânico”, e *Whingeing Pom*, “britânico lamuriento”, “chorão”. Os britânicos são famosos queixosos. Dependendo do contexto, essas duas expressões também podem ser tanto carinhosas como ofensivas.

PORTMANTEAU WORD

Palavra formada de partes de outras palavras

»» *Motel is a portmanteau word.*

»» Motel é uma palavra-valise.

A EXPRESSÃO *portmanteau word* vem da palavra francesa *portmanteau,* ao pé da letra "carregar manto", que significa uma mala de viagem para roupa, normalmente de couro, que se abre em duas partes. A palavra passou para a área de linguística na expressão a *portmanteau word* para designar uma palavra formada por elementos de duas outras palavras. Por exemplo:

Motel = motor + hotel
Brunch = breakfast + lunch
Bit = binary + digit
Sitcom = situation + comedy
Workaholic = work + alcoholic
Guesstimate = guess + estimate

O termo *portmanteau word* foi inventado pelo escritor britânico Lewis Carroll (1832-1898) no livro *Through the Looking Glass* (1872) (*Alice através do espelho e o que ela encontrou por lá*), quando Humpty Dumpty explica o significado das palavras no poema *"Jabberwocky"*.

POSH

Chique; elegante; fino

»» *This looks like a really posh hotel.*

»» Este hotel parece ser muito chique.

A ETIMOLOGIA popular explica que a palavra *posh* era uma sigla de *Port Out Starboard Home*, algo como "Bombordo saindo, estibordo voltando para casa". Dizem que *posh* indicava as cabinas mais caras nos navios que faziam a rota entre a Inglaterra e a Índia. Eram as mais luxuosas e confortáveis porque sempre ficavam no lado do navio longe do sol escaldante. Não existe nenhuma prova dessa história; portanto, é quase certo que seja falsa. O mais provável é que *posh* já fosse uma gíria significando "elegante", "chique" e que essa história criativa dos navios tenha vindo depois.

POUND STERLING

Libra esterlina, dinheiro britânico

››› *A hundred pounds sterling.*

››› Cem libras esterlinas.

A UNIDADE monetária britânica chama-se *pound sterling*. A palavra *pound* vem do latim *pondus*, "peso". No tempo dos antigos romanos, usava-se uma libra de peso de prata como unidade monetária. A letra L, inicial do termo latino *libra*, até hoje é usada estilizada como símbolo da moeda inglesa — £. A palavra *sterling* tem sua origem na palavra *steorling*, "pequena estrela", porque as primeiras moedas normandas tinham uma pequena estrela. *Sterling* também é o termo usado para indicar o padrão de qualidade de ouro e de prata de lei e, no sentido figurado, significa formalmente "excelente", "genuíno". Por exemplo: *A woman of sterling qualities.*/Uma mulher de excelentes qualidades.

TO POUR OIL ON TROUBLED WATERS

Pacificar; amenizar uma situação difícil

››› *The people were angry but the diplomatic words of the mayor poured oil on troubled waters.*

››› As pessoas estavam furiosas, mas as palavras diplomáticas do prefeito amenizaram a situação.

Os ANTIGOS acreditavam que jogar óleo na água durante uma tempestade acalmava o mar e deixava os barcos navegarem tranquilamente. Da crença antiga, a expressão *to pour oil on troubled waters* — ao pé da letra, "jogar óleo nas águas agitadas" — passou para o sentido figurado de conversar com tato e diplomacia com pessoas que estão discutindo furiosamente para parar a briga e deixá-las mais calmas.

POW-WOW

Reunião; discussão para decidir algo

››› *We're going to have a family pow-wow this evening.*

››› Nós vamos ter uma reunião de família hoje à noite.

Os ÍNDIOS norte-americanos chamavam o curandeiro de *pow-wow,* que significa "sonhador" na língua algonquiana, falada por numerosas tribos indígenas da América do Norte. *Pow-wow* também era o nome dado ao cerimonial entre os índios com o feiticeiro, que resolvia todas as questões com sua magia. No século XIX, os colonizadores adotaram a palavra *pow-wow* para significar qualquer conferência ou encontro para discutir sobre um assunto e tomar uma decisão, e a palavra continua sendo usada informalmente com esse mesmo sentido até hoje.

THE PROOF OF THE PUDDING (IS IN THE EATING)

Só a experiência comprova; prova de fogo

- *They say it's a great place, but the proof of the pudding will be tonight.*
- Dizem que é um lugar ótimo, mas a prova de fogo vai ser esta noite.

THE PROOF *of the pudding is in the eating* é um provérbio muito antigo, que significa que só se pode julgar o valor de algo pela experiência prática e pessoal ou pelos resultados e que não se deve julgar nada pelas aparências, teorias ou promessas. Da mesma maneira, por exemplo, só se pode avaliar um pudim após comê-lo e nunca simplesmente por observá-lo. Costuma-se cortar a última parte do provérbio e falar somente *the proof of the pudding*. O resto da frase fica subentendido.

TO PULL SOMEONE'S LEG

Passar trote em alguém; fazer alguém de bobo

- *Stop pulling my leg. I don't believe you.*
- Pare de me fazer de bobo. Eu não acredito em você.

A EXPRESSÃO *to pull someone's leg*, ao pé da letra "puxar a perna de alguém", se refere à ideia de dar uma rasteira na pessoa, chutando-lhe a perna, ou de enganchar a perna com um pau ou com sua própria perna para derrubar a vítima. De qualquer maneira, faz-se a pessoa de palhaço. A expressão é usada no sentido figurado para significar "zombar" ou "caçoar de alguém".

TO PULL (SOME) STRINGS

Exercer influência discretamente; "mexer os pauzinhos"

››› *My uncle will pull some strings to get me a job.*

››› Meu tio vai mexer os pauzinhos para conseguir um emprego para mim.

A EXPRESSÃO *to pull (some) strings* vem da arte de mover marionetes ou fantoches. A pessoa que faz apresentações com marionetes fica atrás dos bastidores para controlar todos os movimentos dos bonecos, "puxando cordas", *pulling strings*. A metáfora desta expressão é de alguém que exerce secretamente sua influência pessoal para ajudar outra pessoa. Seu equivalente em português também vem das cenas de fantoches – "mexer os pauzinhos".

Q

QUANDARY

Dúvida; dilema; perplexidade

››› *I'm in a terrible quandary.*

››› Estou em um dilema terrível.

A PRÓPRIA origem desta palavra, *quandary*, "dúvida", "dilema", cria muitas dúvidas. Existem várias teorias. Uma diz que vem do francês *Qu'en dirai-je?*, "O que eu digo sobre isso?". Outra diz que tem sua origem na palavra antiga *wandreth*, ou *wonder*, "perguntar-se". E, finalmente, sugere-se que venha do latim *quando*. Na verdade, a palavra deixa todo mundo *in a quandary*, ou seja, "em um estado de perplexidade".

QUANTUM LEAP

Mudança ou avanço espetacular

››› *His latest discovery is a quantum leap in the fight against AIDS.*

››› Sua última descoberta é um avanço espetacular na luta contra a AIDS.

A EXPRESSÃO *quantum leap* ou *quantum jump,* significando uma mudança súbita e dramática, vem da física, especificamente da mecânica quântica. Refere-se a uma transição repentina de um estado energético para outro. A palavra *quantum* vem do latim *quantus*, "quanto", e é uma unidade usada para medir quantidades muito pequenas de energia. No sentido figurado, *a quantum leap* indica qualquer mudança ou avanço repentino e espetacular.

QUARRY

Pedreira

››› *There is a limestone quarry near here.*

››› Há uma pedreira de pedra calcária perto daqui.

EM INGLÊS, o lugar de onde pedras são extraídas chama-se *quarry*. A palavra vem do francês arcaico *quarrière,* do latim *quadrare,* "fazer quadrado", porque antigamente as pedras eram extraídas e lavradas em blocos quadrados no local antes de serem transportadas para outros lugares.

QUEUE [UK]

Fila

››› *In the United Kingdom people stand in a queue for the bus.*

››› No Reino Unido as pessoas fazem fila para o ônibus.

QUEUE É uma das palavras mais importantes da língua inglesa e representa um conceito sacrossanto e enraizado no povo e na cultura — fazer fila. A palavra *queue* vem de um termo francês do século XVI usado para indicar uma insígnia em forma de rabo de animal nos brasões heráldicos. O termo era baseado na palavra latina *cauda*. A palavra *queue,* no sentido atual de fila, vem do século XIX. O conceito de formar uma fila, *to queue up,* é considerado sagrado no Reino Unido e nos países da Comunidade Britânica de Nações. Não é aconselhável furar a fila — *jump the queue.*

Queue é uma palavra tipicamente britânica. Em inglês americano, usa-se a palavra *line* [US], e nos Estados Unidos esse hábito saudável também é muito respeitado.

QUID [UK]

Libra esterlina

»» *Can you lend me ten quid?*

»» Você pode me emprestar dez libras?

Quid é uma gíria para a moeda britânica, a libra esterlina, usada desde o século XVII, quando representava a moeda de ouro da época, oficialmente chamada de *sovereign*. Não se sabe ao certo a origem desta gíria muito comum, mas é igual à palavra em latim *quid*, que significa "algo". Pode ter tido sua inspiração na expressão *quid pro quo*, ao pé da letra "uma coisa pela outra", ou seja, "uma compensação". Outra explicação diz que veio do latim *quid*, no sentido de "o que", "com o que", ou seja, os recursos, o dinheiro.

R

TO RAILROAD

Forçar; coagir

››› *They were railroaded into accepting.*

››› Eles foram forçados a aceitar.

RAILROAD (US) é uma palavra americana que significa "estrada de ferro". Os britânicos preferem a palavra *railway* (UK). No século XIX, nos Estados Unidos, havia muita disputa entre as companhias ferroviárias na corrida para chegar até o Oeste e conectar os dois litorais. Necessitava-se de uma força extraordinária para abrir caminho, e montanhas, florestas e qualquer obstáculo no caminho eram derrubados sem o menor cuidado ou respeito. Nada podia impedir o progresso. No sentido figurado, *to railroad someone into doing something* significa forçar ou coagir alguém a fazer algo contra a vontade.

RAINMAKER [US]

Alguém que faz muito dinheiro para uma empresa

››› *He is a real rainmaker. Business has tripled since he arrived.*

››› Ele faz muito dinheiro para a empresa. Os negócios triplicaram desde que ele chegou.

RAINMAKER, AO pé da letra "causador de chuva", é o xamã que, por meio de sua magia, faz chover. No sentido figurado, esta expressão nova e informal é usada para indicar alguém que "faz chover dinheiro" ou bons negócios onde trabalha, como, por exemplo, um funcionário poderoso de um escritório de advocacia. Usa-se a palavra *rainmaker* no sentido mais amplo também para designar quem faz acontecer ou quem é bem-sucedido no que faz.

RAT RACE

Competição feroz

››› *Life in the business world is a real rat race.*

››› A vida no mundo dos negócios é uma competição muito feroz.

Rat race, ao pé da letra "corrida de ratos", designa a vida selvagem de competição insana e a luta para conseguir riqueza e poder, principalmente no mundo dos negócios e no comércio. A expressão tem sua origem no nome de uma dança rápida e difícil que foi inventada na década de 1930 pelos jazzistas nos Estados Unidos.

REAL ALE [UK]

Cerveja autêntica

››› *Do they serve real ale at that new pub?*

››› Eles servem cerveja autêntica naquele novo pub?

Ale, do inglês arcaico *alu*, é uma bebida muita antiga, feita de cevada, que os britânicos já apreciavam bem antes da chegada dos romanos. No século XV, os habitantes de Flandres introduziram a ideia de juntar lúpulo a essa bebida chamada *ale* para fazer uma cerveja de sabor amargo e com a cor clara, que era chamada de *beer*. Hoje em dia as duas palavras, *ale* e *beer*, são praticamente sinônimas. *Real ale* é uma cerveja autêntica, que é preparada usando métodos tradicionais, sem produtos químicos artificiais, sem gás e muito popular no Reino Unido.

RED-HANDED

Em flagrante

››› *I caught him red-handed stealing the money.*

››› Eu o peguei em flagrante roubando o dinheiro.

A EXPRESSÃO *to catch someone red-handed*, "pegar alguém em flagrante", vem da metáfora do malfeitor com as "mãos ensanguentadas", *red-handed*. Usa-se a expressão para indicar pegar alguém em flagrante fazendo qualquer coisa errada.

RED-LETTER DAY

Dia ou data inesquecível

››› *The day I arrived in Brazil was a red-letter day.*

››› O dia em que eu cheguei ao Brasil foi um dia inesquecível.

DESDE O século XV, costuma-se marcar as festas, feriados e dias santificados com letras vermelhas nos calendários eclesiásticos. No sentido figurado, *a red-letter day* significa qualquer dia ou data muito feliz, agradável e memorável.

RED TAPE

Burocracia; formalidades; papelada

››› *There's a lot of red tape to get through before we can start the project.*

››› Há muita papelada pela frente antes de poder começar o projeto.

RED TAPE significa formalidades, burocracia, excesso de regras e regulamentos que causam atrasos. A expressão vem do século XIX e do costume de amarrar documentos e papéis oficiais com uma "fita vermelha", *red tape*, prática muito comum entre advogados e funcionários públicos.

TO RIDE ROUGHSHOD OVER

Não ter respeito; consideração

››› *He rode roughshod over everyone's opinions.*

››› Ele desconsiderou as opiniões de todos.

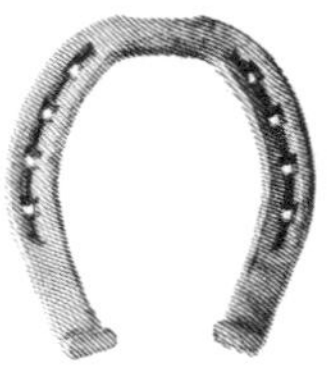

Esta expressão vem dos ferreiros. Quando o tempo está ruim e o chão escorregadio, o ferreiro coloca saliências nas ferraduras para o cavalo não escorregar. A palavra *roughshod* vem do verbo em inglês *to shoe*, "ferrar", cujo particípio passado é *shod*. No sentido figurado, *to ride roughshod over someone* significa tratar uma pessoa sem respeito ou não ter consideração por ela e fazer o que quiser, desconsiderando arrogantemente a outra pessoa e seus desejos.

ROAD HOG

"Dono" da estrada

››› *There are too many road hogs in the world.*

››› Há "donos" da estrada demais no mundo.

Road hog é um termo novo, inventado no início da era automotiva no século XX, e indica aquele motorista egoísta e perigoso que não respeita sua faixa, acha-se "dono" da estrada e normalmente dificulta a ultrapassagem dos outros veículos. A expressão vem da palavra *hog*, que significa "porco para engorda" e, no sentido figurado, uma pessoa porca, porcalhona.

ROCK BOTTOM

Nível mais baixo possível; mínimo

››› *Confidence in the government is at rock bottom.*

››› A confiança no governo está no nível mais baixo possível.

A EXPRESSÃO *rock bottom* vem da mineração. Quando a mina está esgotada, no nível mais baixo da última camada, no leito da rocha, chama-se *rock bottom*. Usa-se a expressão *rock bottom* para indicar o índice ou nível mínimo, literalmente ou no sentido figurado. Também usa-se *rock bottom* como adjetivo. Por exemplo: *Rock bottom prices.*/ Preços mínimos.

NO ROOM TO SWING A CAT

Apertado; com pouquíssimo espaço

››› *This place is so small. There's no room to swing a cat.*

››› Este lugar é muito pequeno. Tem pouquíssimo espaço.

To HAVE no room to swing a cat, ao pé da letra "não ter espaço para balançar ou girar um gato", indica qualquer lugar sem conforto, apertado, com pouquíssimo espaço. Há duas versões para explicar a origem desta expressão esquisita. A primeira, um pouco improvável, diz que antigamente girar e lançar gatos era considerado um esporte ou, pelo menos, um divertimento popular. É quase certeza, porém, que essa expressão tenha vindo dos antigos navios a vela e que *cat* seja uma abreviação de *cat-o'-nine-tails*, e não tenha nada a ver com o pobre animal. A palavra *cat-o'--nine-tails* era o nome do chicote de nove tiras usado para castigar os marinheiros transgressores a bordo do navio, onde o espaço era extremamente limitado. O castigo com chicote era usado oficialmente nas Forças Armadas Britânicas até 1948. Usa-se esta expressão de forma humorística. Fala-se também *There's not enough room to swing a cat.*

ON THE ROPES

Em uma situação difícil; com problemas sérios

››› *The company was on the ropes.*

››› A empresa estava em uma situação difícil.

A EXPRESSÃO *on the ropes* vem do boxe. Quando um lutador está apertado "contra as cordas", *on the ropes*, ele está em apuros, em uma posição defensiva e normalmente prestes a ser derrotado. A expressão passou do boxe ao uso geral para significar qualquer situação desesperadora.

TO RUB SALT INTO SOMEONE'S WOUNDS

Agravar o sofrimento de alguém

››› *You don't have to rub salt into my wounds.*

››› Você não precisa agravar o meu sofrimento.

To rub salt into someone's wounds, ao pé da letra "esfregar sal na ferida de alguém", vem dos tempos antigos de navios a vela. Naquela época, o castigo normal para qualquer delito a bordo do navio era uma surra de chicote nas costas descobertas. Depois das chicotadas, costumava-se esfregar sal nas feridas para ajudar a cicatrização, mas ao mesmo tempo isso fazia doer mais ainda as lacerações. No sentido figurado, *to rub salt into someone's wounds* significa fazer a pessoa sofrer mais do que já esteja sofrendo.

TO RUB SOMEONE UP THE WRONG WAY [UK]/[US]

Irritar; aborrecer alguém

››› *She always rubs people up the wrong way.*

››› Ela sempre irrita as pessoas.

Em inglês, ofender ou aborrecer alguém por falta de tato é *to rub (up) the wrong way*. A expressão vem do gato. Quando se "esfrega" a pele do animal no "sentido contrário", *rub the wrong way*, ele se irrita.

RULE OF THUMB

Regra prática; aproximada

››› *A good rule of thumb when counting the seconds is to say one and two and three...*

››› Uma boa regra aproximada para contar os segundos é dizer um e dois e três...

Aproximadamente, a primeira junta do polegar de qualquer adulto mede uma polegada (2,54 cm), e isso é usado como uma medida geral quase sempre correta. No sentido figurado, *rule of thumb* significa uma "estimativa" ou "regra empírica", baseada em experiência e prática, e não em teorias rígidas.

TO RUN AMOK

Sair do controle

››› *In the film a man runs amok and shoots everybody in the bar.*

››› No filme um homem perde o controle e atira em todo mundo no bar.

Amok ou *amuck* vem do malaio, língua da Malásia ocidental, e significa "fúria assassina". Originalmente, usava-se a palavra para se referir a um animal furioso que atacasse violentamente. O sentido de uma pessoa correr de maneira possessa, em delírio, veio mais tarde, provavelmente por causa da influência do ópio. Usa-se a expressão *to run amok* no sentido figurado para designar um comportamento fora de controle, normalmente com violência física.

RUN-OF-THE-MILL

Comum; medíocre; nada especial

››› *He's just a run-of-the-mill salesman.*

››› Ele é apenas um vendedor medíocre.

ESTA EXPRESSÃO vem das fazendas. *Mill* é "moinho", e em um moinho d'água, quando a água do reservatório está fluindo constantemente, tudo funciona de modo fácil e sem dificuldades, ou seja, sem nada especial. No sentido figurado de "normal", "comum", a expressão *run-of-the-mill* também tem a conotação negativa de "medíocre".

S

SACRED COW

Pessoa ou coisa acima de qualquer crítica ou suspeita; "vaca sagrada"

››› *Parliamentary democracy has become a sacred cow.*

››› A democracia parlamentar tornou-se algo acima de qualquer crítica.

Para os hindus, a vaca é um animal sagrado. Isso deu origem à expressão *sacred cow*, ao pé da letra "vaca sagrada", para se referir a qualquer instituição, costume ou ideia muito respeitada, de forma exagerada e irracional, tratada como se fosse acima de qualquer suspeita ou crítica.

SANTA CLAUS

Papai Noel

››› *Santa Claus brings presents for children at Christmas.*

››› O Papai Noel traz presentes para as crianças no Natal.

Santa Claus, ou simplesmente *Santa*, é outro nome em inglês para *Father Christmas* (UK), "Papai Noel". É uma corruptela americana do nome que vem de um dialeto holandês — *Sante Klaas*, que significa *St. Nicholas*, "São Nicolau", padroeiro das crianças holandesas.

SCHMUCK [US]

Imbecil

››› *He's a real schmuck.*

››› Ele é um imbecil.

SCHMUCK É uma palavra informal americana usada para indicar uma pessoa desprezível. Tem sua origem em uma palavra em iídiche considerada ofensiva, *shmok*, que significa "pênis".

SCOT-FREE

Completamente livre; impune

››› *She got away scot-free.*

››› Ela saiu completamente impune.

ESTA EXPRESSÃO não tem nada a ver com o escocês – *Scot*. Vem de uma palavra antiga nórdica *skot*, que era uma "taxa" ou "imposto". *Scot-free*, então, significava "livre de taxas" e, hoje, no sentido mais amplo, é usada para indicar "livre de qualquer obrigação".

SCOTCH, SCOTS, SCOTTISH

Escocês

››› *Her husband is Scots and drinks Scotch whisky in a Scottish pub.*

››› O marido dela é escocês e toma uísque escocês em um bar escocês.

DO INGLÊS arcaico *Scottas*, as três palavras *Scotch*, *Scots* e *Scottish* significam "escocês", mas o uso de cada adjetivo varia.

Scotch: refere-se a uísque escocês e a algumas comidas. Por exemplo: *scotch broth* – caldo de carne com legumes e cevada; *scotch egg* – ovo cozido coberto de carne moída de linguiça, depois passado na farinha de rosca e frito.

Scots: refere-se à língua inglesa falada na Escócia e aos seus habitantes, que podem ser chamados também de *Scotsman* e *Scotswoman*.

Scottish: é o adjetivo mais usado para se referir ao país Escócia, bem como a seu povo e sua cultura. Por exemplo: *Scottish football, the Scottish mountains.*

TO SELL LIKE HOT CAKES

Vender muito e rápido; vender como água; ter boa saída

››› *His new CD is selling like hot cakes.*

››› Seu novo CD está vendendo como água.

ANTIGAMENTE, OS "bolos", *cakes*, eram bolinhos de fubá baixos, feitos em formas, cozidos em banha de porco e servidos, de preferência, quentes. Em feiras livres, festas beneficentes, bazares e outras festividades sociais, os bolinhos quentes sempre tiveram uma saída muito boa, o que deu origem à expressão *to sell like hot cakes* para indicar qualquer coisa que vende muito e rapidamente.

SHAMBLES

Bagunça

››› *Your room is a complete shambles.*

››› Seu quarto está uma bagunça total.

DO INGLÊS arcaico, *sceamul*, “mesa”, a palavra *shambles* originalmente era usada para designar as mesas do matadouro ou do açougue nas feiras livres. Da desordem nas mesas do açougue, a palavra passou a significar qualquer confusão ou bagunça.

TO SHILLY-SHALLY

Hesitar; vacilar; estar indeciso

››› *Stop shilly-shallying and make up your mind.*

››› Pare de hesitar e decida-se.

SHILLY-SHALLY VEM do século XVII. É uma corruptela das palavras repetidas *Shall I? Shall I?*, “Devo? Devo?”, que se tornaram *Shill I? Shall I*? e refletem bem a indecisão da pessoa que está falando.

SHIPSHAPE

Em ordem; bem-arrumado

››› *Let's get this place shipshape while she's away.*

››› Vamos pôr este lugar em ordem enquanto ela está fora.

A PALAVRA *shipshape* vem dos tempos dos barcos a vela. Quando todas as velas estavam arrumadas, todos os equipamentos guardados e o navio pronto para iniciar a viagem, dizia-se que estava *shipshape*. Dos navios antigos, a palavra passou ao uso geral para significar qualquer coisa em ordem, bem-arrumada.

SHYSTER [US]

Pessoa desonesta, inescrupulosa

››› *They're a bunch of shysters.*

››› São um bando de pessoas desonestas.

A PALAVRA *shyster* nasceu nos Estados Unidos, na década de 1840, para indicar um advogado de fama duvidosa. Provavelmente veio do nome do advogado *Scheuster*, de Nova York, que era tido como homem corrupto e fraudulento. *Shyster* pode ter sua origem também na palavra em alemão *Scheisser*, literalmente "quem faz merda". Hoje, a palavra *shyster* é usada para designar qualquer pessoa desonesta que usa métodos enganosos, principalmente advogados, políticos e executivos.

SLOGAN

Slogan; lema; divisa

››› *A new advertising slogan was announced this week.*

››› Um novo slogan de propaganda foi anunciado esta semana.

A PALAVRA *slogan* vem do século XVI e tem sua origem nas guerras dos clãs na região montanhesa da Escócia. Vem do gaélico escocês *sluagh-gairm*, de *sluagh*, "exército", e *gairm*, "grito", ou seja, significava "grito de guerra". Hoje, a palavra *slogan* é usada para indicar uma frase curta que serve de lema na propaganda de produtos ou de políticos.

SMART ALECK [US]/SMART ALEC [UK]

Sabichão; convencido; metido

››› *He's such a smart aleck!*

››› Ele é tão metido!

SMART ALECK (US) é um termo para o indivíduo metido, convencido de que sabe tudo. Não se sabe ao certo quem era o verdadeiro Aleck, mas é provável que o nome tenha vindo de Aleck Hoag, famoso cafetão, ladrão e vigarista de

Nova York na década de 1840. Outro termo muito usado é *smarty-pants* e, embora um pouco grosseiro, usa-se também *smart ass* (US) e *smart arse* (UK).

Em inglês britânico, há mais duas expressões para alguém que gosta de se mostrar mais esperto que os outros: *clever Dick* (UK) e *clever clogs* (UK).

SMITHEREENS

Pedacinhos; pequenos fragmentos; estilhaços

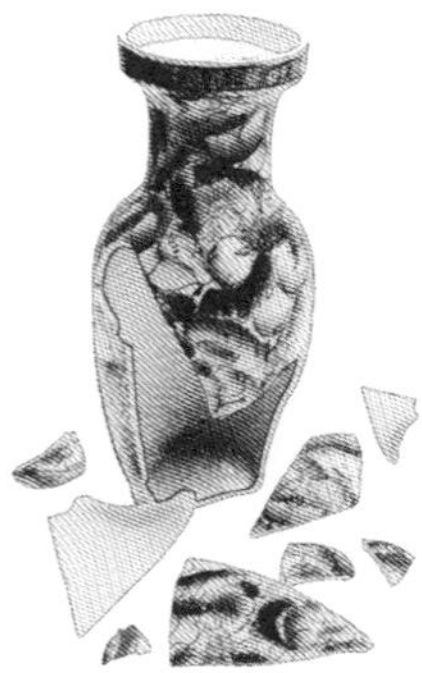

››› *The vase was smashed to smithereens.*

››› O vaso foi destruído em mil pedaços.

Do irlandês *smidirín*, "pequeno fragmento", esta palavra é usada apenas no plural, *smithereens*, e em frases fixas, como *to smash, to blow* ou *to knock something to smithereens.*

SPUD [UK]

Batata

››› *Would you like some more spuds?*

››› Quer mais batatas?

A palavra coloquial *spud*, usada desde o século XIX para significar "batata", vem da palavra escocesa *spud*, que era uma pá estreita e curta usada para cavar e tirar as batatas.

TO STRIKE WHILE THE IRON IS HOT

Aproveitar uma oportunidade

››› *You should strike while the iron is hot. You may not get another opportunity like this.*

››› Você deve aproveitar. Você pode não receber outra oportunidade igual a essa.

Usada desde o século XIV, a expressão *to strike while the iron is hot*, ao pé da letra "bater enquanto o ferro está quente", é uma metáfora que vem da oficina do ferreiro. Ele tinha de malhar o ferro enquanto estava quente, porque, depois de esfriar, o material ficava inflexível. Esta expressão significa, metaforicamente, que se deve aproveitar imediatamente uma oportunidade antes que a situação mude.

T

TO TAKE THE CAKE [US]

Ser realmente absurdo, de lascar

››› *That really takes the cake!*

››› Isso é de lascar!

A EXPRESSÃO *to take the cake*, ao pé da letra "levar o bolo", vem de uma dança chamada *the cakewalk*. A dança, que tem sua origem com os negros nos estados do Sul dos Estados Unidos, era um tipo de marcha com passos complicados. Quem dançava melhor ganhava um bolo como prêmio. A expressão *to take the cake* é falada hoje para significar que alguém fez algo que você considera a pior coisa ou a coisa mais surpreendente, chocante ou irritante – ou seja, em termos de atrevimento e desaforo, ganhou de todos.

Em inglês britânico, fala-se também *to take the biscuit* (UK), com o mesmo sentido e com a mesma origem. Antigamente, costumava-se dar biscoitos como prêmio em várias competições.

TO TALLY

Corresponder; concordar

››› *His statements don't tally with the facts.*

››› Suas afirmações não correspondem aos fatos.

A PALAVRA *tally* vem do francês *taille*, "entalhe". Antigamente, na Inglaterra, o conceito de *tally* era de extrema importância como registro de contas e de dinheiro emprestado. Usava-se uma tábua de madeira para marcar e registrar com cortes as quantidades que os outros deviam. A tábua era, então, rachada ao meio e cada um ficava com uma metade dos entalhes. Na hora de acertar as contas, juntavam-se as duas partes para confirmar os cálculos. Usa-se a palavra *to tally* hoje no sentido geral de corresponder, seja em termos de números ou ideias e afirmações.

TART [UK]

Piranha; mulher imoral e vulgar; prostituta

››› *Did you see the tart Bob brought to the party?*

››› Você viu a piranha que o Bob trouxe para a festa?

EM INGLÊS, *tart* é uma torta aberta, geralmente de frutas ou com geleia, como, por exemplo, *apple tart* ou *lemon tart*. Mas isso não tem nada a ver com a origem da palavra no sentido de uma mulher imoral e vulgar. *Tart*, neste caso, veio da contração da palavra *sweetheart*, que significa “querida”.

THINGUMMY

Coisa; negócio; troço; fulano

››› *Give me that thingummy over there.*

››› Dê-me aquele troço ali.

EM INGLÊS, coloquialmente, quando não se lembra, não se sabe ou não se quer mencionar o nome de alguma coisa ou de alguém, há várias opções de palavras:

Thing
Thingy

Thingummy
Thingamabob
Thingamajig

Essas últimas palavras criativas vêm de uma invenção do escritor inglês Lewis Carroll (1832-1898), famoso autor do livro *Alice's Adventures in Wonderland* (*Alice no País das Maravilhas*) (1865), que também escreveu muitos versos jocosos.

He would answer to 'Hi!' or any loud cry,
Such as 'Fry me!' or 'Fritter my wig!'
To 'What-you-may-call-um!' or 'What-was-his-name!'
But especially to 'Thing-um-a jig!'
Hunting of the Snark
(1876), Lewis Carroll

THREE SHEETS TO THE WIND

Muito bêbado

››› *He was already three sheets to the wind when we arrived.*

››› Ele já estava muito bêbado quando nós chegamos.

ESTA EXPRESSÃO vem da nomenclatura náutica. *Sheet* é o nome da corda amarrada no punho da vela que controla sua posição em relação ao vento. Se a corda ficar solta, deixando a vela bater livremente, diz-se que está *in the wind*. *A sheet to the wind* se tornou uma expressão coloquial para significar "levemente embriagado", porque a pessoa fica balançando, meio tonta, igual a uma vela ao vento. *Three sheets to the wind*, então, já indica que a pessoa está fora de controle e muito bêbada.

TILL THE COWS COME HOME

Por tempo indeterminado; até cansar

››› *You can wait till the cows come home. He won't do it.*

››› Você pode esperar até cansar. Ele não vai fazer isso.

ANTIGAMENTE, o gado leiteiro era deixado livre no pasto. Na época da seca, as vacas costumavam ficar no pasto durante muito tempo, sem voltar para a fazenda para serem ordenhadas. Isso deu origem à expressão *till the cows come home*, ao pé da letra "até que as vacas voltem para casa", significando um tempo muito longo, indeterminado.

TIT FOR TAT

Na mesma moeda; "taco a taco".

››› *It was just tit for tat. She forgot my birthday, so I didn't call her.*

››› Foi taco a taco. Como ela esqueceu meu aniversário, eu não liguei para ela.

EM INGLÊS, qualquer represália paga na mesma moeda é chamada de *tit for tat*. A expressão vem do holandês *dit vor dat*, "este por esse", que corresponde a outra expressão inglesa com o mesmo sentido e que é usada no latim original, *quid pro quo*, "quiproquó".

TOP-NOTCH

De alta qualidade; de primeira categoria; excelente

››› *This is a top-notch institute.*

››› Este é um instituto de primeira categoria.

ANTIGAMENTE, ERA costume marcar os pontos nos jogos com um "talho", *notch*, em uma tábua. No sentido figurado, quem atinge o máximo de pontos, *top notch*, é considerado de primeira categoria.

TO TOUCH BASE

Entrar em contato com alguém depois de muito tempo

››› *Hi! I just called to touch base.*

››› Oi! Eu só liguei para dar um alô.

ESTA EXPRESSÃO nova vem do jogo de beisebol americano em que o jogador ganha pontos quando ele "toca na base", *touch base*. *Base* significa um dos quatro cantos do quadrilátero de beisebol. A expressão passou para o uso geral para significar entrar em contato com alguém que não se vê há algum tempo para se informar a respeito das novidades.

U

UMPTEEN

Muitos; um monte

››› *I told him umpteen times.*

››› Eu lhe disse um monte de vezes.

A PALAVRA *umpteen* é uma invenção cômica do século XX, formada de uma combinação de M, o numeral romano para mil, e *teen*, de *ten*, "dez". Usa-se também o número ordinal *umpteenth* para significar algo que já aconteceu inúmeras vezes antes. Por exemplo: *She listened to the CD for the umpteenth time.*/Ela ouviu o CD pela milésima vez.

UNDER THE COUNTER

Por baixo do pano

››› *He managed to buy Cuban cigars under the counter.*

››› Ele conseguiu comprar charutos cubanos por baixo do pano.

NA INGLATERRA, durante a Segunda Guerra Mundial, faltavam muitas mercadorias e a comida era racionada. Alguns donos de lojas inescrupulosos conseguiam esses produtos e costumavam vendê-los ilegalmente, a preços exorbitantes, para fregueses preferenciais. Essas mercadorias eram guardadas secretamente "por baixo do balcão", *under the counter*, e assim nasceu essa expressão que é usada até hoje para significar a compra ou a venda ilegal de qualquer coisa.

THE UPPER CRUST

Alta sociedade; alta roda

››› *She belongs to the upper crust.*

››› Ela pertence à alta sociedade.

A EXPRESSÃO *the upper crust* significa "a nata da sociedade" e vem do antigo costume de servir a parte superior da casca do pão, *the upper crust*, aos aristocratas ou aos convidados mais nobres à mesa.

TO UPSET THE APPLECART

Estragar planos feitos ou providências tomadas

››› *That's really upset the applecart!*

››› Isso estragou completamente os meus planos!

A METÁFORA nesta expressão vem da carroça de maçãs — *the applecart*. O fazendeiro tem um trabalho árduo para cuidadosamente carregar sua carroça com as maçãs, e lá vem alguém que derruba ou "vira o carrinho", *upset the applecart*, e assim estraga toda a mercadoria. No sentido figurado, *to upset the applecart* significa "estragar os planos cuidadosamente feitos ou as providências já tomadas".

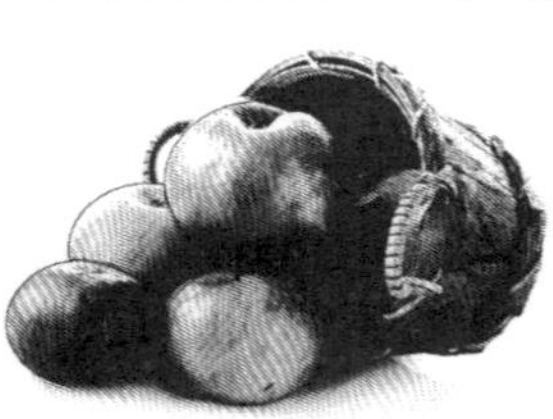

V

VALENTINE'S DAY

Dia dos namorados

››› *People give presents on Valentine's Day to the person they love.*

››› As pessoas dão presentes no Dia dos Namorados para a pessoa que amam.

O DIA dos Namorados, nos países da língua inglesa, é celebrado no dia 14 de fevereiro e chama-se *Valentine's Day* ou *St. Valentine's Day* – Dia de São Valentim –, porque uma crença inglesa muito antiga diz que é o dia em que os pássaros escolhem suas parceiras para acasalar.

Nesse dia, os namorados trocam presentes e costumam-se mandar cartões para pessoas queridas, às vezes anônimos ou jocosos. Esses cartões chamam-se *Valentine cards* ou simplesmente *Valentines.*

VAT

Imposto britânico

››› *A system of VAT operates in all countries in the European Union.*

››› Um sistema de imposto tipo VAT opera em todos os países da União Europeia.

VAT É uma sigla de *Value Added Tax* – imposto introduzido na Grã-Bretanha em 1973, que corresponde ao ICMS

(Imposto sobre Circulação de Mercadorias e Serviços) no Brasil. Atualmente, o *VAT* é de 20%, mas nem todos os produtos estão sujeitos à cobrança. Nesse caso, são chamados de *zero-rated*. Os livros, por exemplo, estão isentos desse imposto.

Existe também um adjetivo que foi inventado, *VATable*, para indicar produtos sujeitos a esse imposto. Por exemplo: *Newspapers are not VATable.*/Jornais não estão sujeitos ao *VAT*.

W

WALES

País de Gales

››› *The capital city of Wales is Cardiff.*

››› A capital do País de Gales é Cardiff.

Do inglês arcaico *wealas*, "estrangeiro", foi o nome dado ao povo bretão pelos invasores anglo-saxões quando eles o expulsaram para o Oeste do Reino Unido. O principado, que hoje é chamado de *Wales* em inglês, tem outro nome em galês. Os galeses, *the Welsh*, chamam seu país de *Cymru*, que significa "compatriotas". No País de Gales, além do inglês, a língua oficial é o galês, falada por cerca de 20% da população, ou seja, aproximadamente 500 mil pessoas.

ON THE WARPATH

Em pé de guerra; disposto a brigar; furioso

››› *My father's on the warpath again.*

››› Meu pai está em pé de guerra de novo.

A expressão *on the warpath*, ao pé da letra "no caminho da guerra", vem dos índios norte-americanos. Antigamente, *the warpath* era o percurso feito pelos índios quando iam guerrear. No sentido figurado, fala-se hoje *to be* ou *to go on the warpath* quando alguém está furioso ou assumindo uma atitude hostil.

THE WHOLE SHEBANG

O negócio todo; a coisa toda

››› *The conference is next week and I'm responsible for the whole shebang.*

››› A conferência é na semana que vem e eu sou responsável pela coisa toda.

NÃO SE sabe ao certo a origem desta expressão muito comum, em uso desde meados do século XIX. É provável que tenha vindo do irlandês *shebeen*, que era uma cabana ou casa de jogo e que passou a significar "estabelecimento" ou "negócio". Informalmente, usa-se *the whole shebang* para designar todos os aspectos relativos de qualquer coisa, situação ou acontecimento.

Há também outra expressão informal para indicar tudo ou tudo e todos: *the whole caboodle*. Vem da expressão completa *the whole kit and caboodle*. *Kit* significa "coleção", "conjunto", e *caboodle* vem do holandês *boedal*, "propriedade".

Y

YEN

Desejo ardente; ânsia; vontade intensa

››› *She always had a yen to be a singer.*

››› Ela sempre teve uma vontade intensa de ser cantora.

A PALAVRA inglesa *yen* significa "iene", a unidade monetária do Japão, mas tem outro sentido completamente diferente e é muito usada na expressão *to have a yen for*, que significa "ter um desejo ardente". A origem da palavra neste sentido é chinesa. *Yen*, em chinês, significa "ânsia". Em chinês de Pequim, *yen* também significa "ópio", e a vontade intensa original da palavra no século XIX era de fumar a droga.

Z

ZANY

Absurdo; maluco; idiota; excêntrico

››› *That's such a zany idea.*

››› Isso é uma ideia absurda.

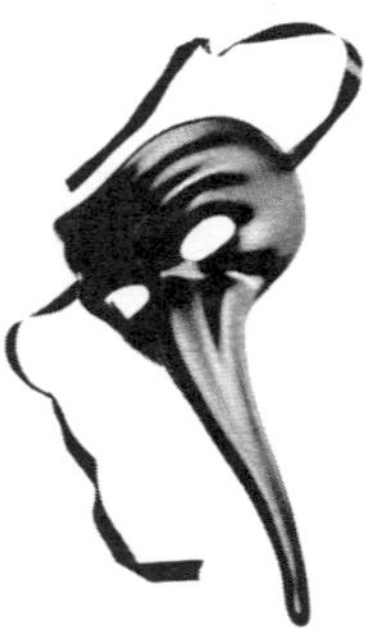

Do italiano *zanni*, "bufão", "bobo", é um apelido de Giovanni. Zanni era o nome do ajudante do palhaço e mímico na Commedia dell'Arte, tipo de teatro de comédia que se originou na Itália em meados do século XVI. Usa-se a palavra *zany* hoje para designar qualquer coisa ou pessoa estranha, tola, cômica ou maluca.

ZILCH

Nada; zero

››› *He did absolutely zilch.*

››› Ele não fez absolutamente nada.

Esta palavra nova entrou na língua inglesa na década de 1960. Não se sabe ao certo a origem, mas na década de 1920, nos Estados Unidos, o apelido *Joe Zilch* era uma gíria para designar um aluno na universidade considerado inútil, imprestável.

JACK SCHOLES - BIOGRAFIA

JACK NASCEU na Inglaterra, formou-se em Línguas Modernas pela Universidade de Liverpool e é pós-graduado em Educação e Ensino de Inglês como Língua Estrangeira na Universidade de Londres.

Possui mais de 40 anos de experiência profissional na área de ensino de inglês para estrangeiros em vários países, como Inglaterra, Alemanha, Nepal, Austrália, Hong Kong, Taiwan, Uruguai, Chile, Argentina e Brasil. Ele é também um renomado palestrante em congressos internacionais ao redor do mundo.

Além de artigos publicados em revistas nacionais e internacionais, Jack é autor dos livros ***Guitar Glory*** (Saraiva), ***Inglês para Curiosos*** (Papier), ***OK! Curiosidades divertidas do inglês*** (Campus), ***Slang – Gírias Atuais do Inglês*** (Disal Editora), ***Modern Slang*** (Disal Editora), ***Slang Activity Book*** (Disal Editora), ***Gems of Wisdom*** (Disal Editora), ***Break the Branch? – Quebrar o Galho*** (Disal Editora), ***The Coconut Seller*** (Helbling Languages), ***Inglês Rápido*** (Disal Editora) e ***Quick Brazilian Portuguese*** (Disal Editora). É também coautor, com Jane Revell, do livro ***Sucesso nos Exames*** (Disal Editora).

E-MAIL: JACK@JACKSCHOLES.COM

CONHEÇA TAMBÉM

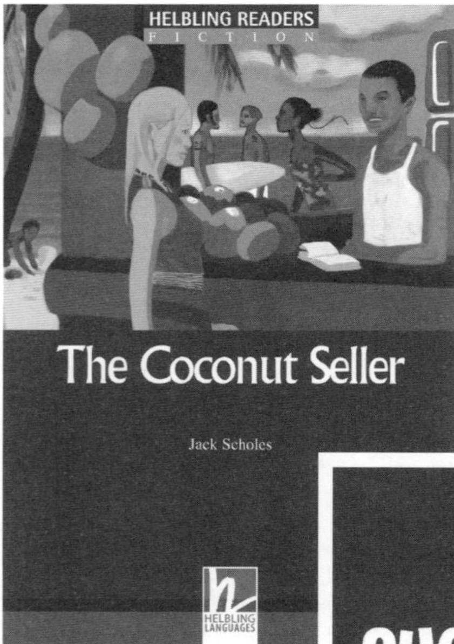

WWW.DISALEDITORA.COM.BR

DO MESMO AUTOR

WWW.DISALEDITORA.COM.BR

CONHEÇA TAMBÉM

WWW.DISALEDITORA.COM.BR